走进神童的思维世界
ZOUJIN SHENTONG DE SIWEISHIJIE
早慧少年趣谈录

盛福清 编著

苏州大学出版社

图书在版编目(CIP)数据

走进神童的思维世界:早慧少年趣谈录/盛福清编著.—苏州:苏州大学出版社,2015.12
ISBN 978-7-5672-1569-6

Ⅰ.①走… Ⅱ.①盛… Ⅲ.①超常儿童－儿童教育－文集 Ⅳ.①G763－53

中国版本图书馆 CIP 数据核字(2015)第 270772 号

走进神童的思维世界

早慧少年趣谈录

盛福清　编著

责任编辑　　倪浩文
装帧设计　　周　晨

苏州大学出版社出版发行
(地址:苏州市十梓街1号　邮编:215006)
苏州市大元印务有限公司印装
(地址:苏州市三香路998号　邮编:215000)

开本 889 mm×1 194 mm　1/32　印张 8.625　字数 172 千
2015 年 12 月第 1 版　2015 年 12 月第 1 次印刷
ISBN 978-7-5672-1569-6　定价:32.00 元

苏州大学版图书若有印装错误,本社负责调换
苏州大学出版社营销部　电话:0512－65225020
苏州大学出版社网址　http://www.sudapress.com

目 录

搜笑篇

3／"一"和"字"值千金（"一字千金"之一）

5／成语别解

8／几个常用转义的三字成语

10／"三人成虎"（拼字游戏）

12／坚决不留客（巧用标点符号）

14／名不符实

16／一错再错

18／"大学者"

19／"南北通州通南北,东西当铺当东西"（奇联巧对选之一）

22／有趣的字谜

24／最"长"的词

26／英语笑话三则

28／严嵩是"明臣",和珅是"清官"？！

30／无独有偶＝无奇不有＝积零为整＝0

31／并非笑话

33／一题多解：1＋1＝1、2、3、10、11？

35／失败也有积极方面

37／最少需要几个男生和女生？

39／"8"的一半是多少？

41／10＋6＝10－6？

43／天上有几个太阳？

45／老虎的好朋友

47／中世纪欧洲文化名人三问

49／"知彼知己"就能百战百胜？

51／谁为唐僧牵马？

53／"钱三强"是哪"三强"？

54／三言两语

57／谁花钱最少？

58／祖孙三代：行动、知识、创造

59／"尊师重教"

60／考试作弊"合法"？

61／有趣的谐音记忆法

63／审题：还剩几只角？

66／从古代笑话中反思学习方法

68／"n维世界"的思维

益智篇

73／一字之改值千金（"一字千金"之二）

75／一张白纸可能是……

77／为什么把物品叫"东西"？

79／文字重组出新意

81／一字三义"度量衡"

82／"马龙"为何变成"龙马"？

84／三少年"辩日"

87／和谐对称的"回文"

89／张冠李戴，李冠张戴

91／活用常识巧解数学题

93／箍和球的"间隙"有多大？

96／与你生日有关的"神秘数9"

98／跑远路比抄近路省时间

100／水往高处流

102／物理改错题

104／水与火的"相克、相容与相生"

106／与众不同的"另类"金属

108／动物的"拟态"

110／前途无量的仿生学

113／"改错"：历史

115／"改错"：地理

117／"大理寺"是什么寺

119／山南水北，"阴差阳对"

121／扬州自古属"江南"

123／孔林与"孔陵"

125／瞎子摸象：认识世界第一步

127／"题东林壁"——苏轼的一首"轶诗"

129／做梦也想不到

131／是"人造神"，不是"神造人"！

133／一斤米煮的饭小人国里三人可吃几天？

135／逆向思维：减少燃料增加火箭射程

136／"黄金分割"，夺冠助力

抑扬篇

141／"挥毫一字值千金"（"一字千金"之三）

143／一字值千金的洋字（"一字千金"之四）

145／"一天等于20年"

147／中国高速建设的高速铁路

149／"先生不及后生长"

151／无锡农民的变迁

153／"光耀二十世纪，恩被九亿神州"（奇联巧对选之二）

156／将相"和"

159／一个人能抵几个师

161／令人感动的中国民主革命烈士

164／一"诺"千金，一"NO"千钧

166／"海归楷模"真唐僧是旷世英才

168／立德　立功　立言(成名之路一)

170／一"ju"成名(成名之路二)

172／"文不对题"与"名不符实"

173／有权不(会)用……

174／别学孙悟空的坏榜样

176／科学、幻术和骗局

178／奶粉染毒,殃及驯鹿

179／喜庆的"福"字应该正贴

181／鹬蚌相和,双赢互利

183／下棋找高手,弄斧到班门

185／只考一门如何？

186／"标准答案"？！

188／质疑"选择题"

190／罚抄100遍！

192／作者是怎么知道的？

194／直接教员、间接教员、反面教员

196／对老师的称呼"每况愈下"

198／课本中的谬误

200／忠告

拾贝篇

203／麦克阿瑟的"后见之明"（"一字千金"之五）

205／最好的演说词

207／"每逢万寿祝疆无"（奇联巧对选之三）

209／"退避三舍"："诚信"、"阴谋"、"智慧"？

211／鸡兔同笼问题的中国古代解法

213／《周易》"八卦"与二进位制记数法

216／任意三角形都等腰？直角＝钝角？

218／理发师给不给自己刮脸？

220／先有鸡还是先有鸡蛋？

222／"星宿下凡"与"凡人上天"

225／"天上曲"和"天上图"

227／他山之石

230／2＋4＝4＋2＞3＋3

232／为科学痴迷、忘我、献身

235／外国领导人请客吃什么？

238／三乘三应该得几？

240／"法西斯"

242／"金圆"的灾难

244／状元杂谈

246／接受多种教育，争取全面发展

248 / 考 0 分和考满分一样难!

250 / 有关家国书常读;无益身心事莫为(奇联巧对选之四)

253 / 值得记住的算式和格言

254 / 人民教育家陶行知的故事

256 / 机智的答问

258 / 从招聘怪招中找启示

260 / 名人取名改名杂录

262 / 后记

搜笑篇

"一"和"字"值千金

("一字千金"之一)

老师:成语"一字千金",说的是战国时秦国宰相吕不韦,把他组织门客编写的《吕氏春秋》公布在咸阳城门上,宣布"能增损一字者予千金"。结果没有人去改动一个字。这是因为《吕氏春秋》十全十美无字可改,还是因为没有值千金的汉字?

小智:一本大部头的书,从文字到内容,总有可以改动的地方(改正错误或改得更好),没有人改《吕氏春秋》一个字,不是它无可改之字,而是慑于吕不韦的淫威,没人敢去改。至于"值千金"的汉字,不仅有,而且有一个由"千金"构成的汉字——在硬物上钻凿孔眼的钎子的"钎"字。

小敏:《猜谜入门》说谜语"一字千金"的谜底是个"女"字,我认为不准确。"千金"在习惯上指女孩,称一个老太婆为千金有点滑稽。其实谜语"一字千金"的谜底是个"囡"字或"妮"字:

吴语中通称小孩为"囡（nān）"（阿囡、小囡），因另有个"囝（jiǎn）"字，闽语俗呼儿子，所以"囡"主要指女孩；山东人称幼女为"妮子"。中国旧时习惯称儿子为"公子"，女儿为"千金"，所以"囡""妮"是本身就是千金的意思。

小明：我认为得到公认而经常被引用"值千金"的汉字是"一"和"字"两个字：成语"一字千金"和"一字千金"说得明明白白！类似的成语还有"一诺千金""一言千金""一饭千金""一刻千金""一笑千金""一壶千金""一掷千金"等，其中的"诺""言""饭""刻""笑""壶""掷"等字，也都"值千金"。

老师："壶"是装水的瓠，俗称腰舟，"中河失船，一壶千金"，它不装水，可在"失船"落水时救人。注意：小明说的"字"要运用适当才值钱，如"一掷千金"用于让穷人有饭吃，换来百姓笑容时，"掷"才值钱；如果"一掷千金"摆阔，买"一壶千金"的高档酒，请吃"一饭千金"的豪华宴，以博得被请者的"一笑"或"一诺"，那么这些"字"非但不值钱，还会起相反的坏作用！

成语别解

早慧少年在认真领会成语"本义"的同时,通过琢磨、联想,"发现"了一些成语的"新义""深义"或"歧义",笑谈中不乏诙谐和幽默。如:

塞翁失马——塞翁"得马"的先兆。

名落孙山——在孙山崖壁上题字(诗)的落款或去孙山旅游遗失一张名片。

班门弄斧——鲁班考核徒弟的技艺。

求同存异——求同类项、交集($A \cap B$)或最大公约数。

得寸进尺——3分米(9寸)。

尺短寸长——数轴上1寸到1尺的开区间。

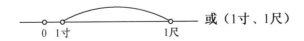 或(1寸、1尺)

寄人篱下——(不该发生的)弃婴。

后来居上——小智:是"垕"("厚"的古体)字;

小明:是"干部年轻化";

小敏:是家中的独生子女。

一字千金——某些官员、名人、专家题字、签名敛财的起步价。

摧枯拉朽——樵夫打柴(尽拣枯木朽枝)。

望梅止渴——买不到票的粉丝,在戏院门口等卸妆后回家的梅兰芳一睹为快。

沉鱼落雁——由于审美观念不同,看到面貌怪异的人间"美女",游鱼和大雁吓得赶快逃离。

少壮不努力,老大徒伤悲——有些少年不努力学习,青壮年不努力工作,他们的父兄悲伤也没用。

厚积薄发——蜉蝣(fú yóu)的生命史:昆虫蜉蝣的幼虫在水中须一到三年或五到六年始成熟,成虫寿命短的数小时或一两日,长的一周,一般为朝生暮死。

一石二鸟——鸵鸟。一石(石读dàn,一石为120斤)二鸟,平均一只鸟重60斤,鸟类只有鸵鸟这么重。

一以贯之、始终如一、一成不变——1的任何次方($1^n=1$)。

照猫画虎——取近似值。

放虎归山——将人工繁育的成年虎放归山林,保护濒危物种。

百无一是——小明:是99;小智:是0(100→00=0);小

敏：是个"白"字。

壮士断腕——动物遇袭时的逃生之术：蜥蜴断尾，麻雀甩掉尾羽、海参抛掉部分内脏，章鱼自断触手……（缺失部分能再生。）

与时俱进——是人的年龄和文物的价值。

几个常用转义的三字成语

老师：群众喜闻乐用的成语，多数由四个汉字组成，你们有没有看到过三字成语？

小智：不但有，有些我们还曾经引用过。如"一言堂"，本是旧时商店挂的表示"不二价"的匾额，后来指领导人缺乏民主作风，不能听取各方面的意见，独断专行，从褒义词变为贬义词。

"二百五"，古时银子五百两为一封，二百五十两为"半封"，谐音为"半疯"，用它借指那些头脑简单、做事鲁莽、傻里傻气的人。

小敏：还有访客不遇或被主人拒之门外，没有受到招待，却自嘲说是吃了对方的"闭门羹"。另外有个"破天荒"，"天荒"本指处于原始状态未被开垦过的土地，唐朝荆南地区，因接连四五十年没有考中进士而被称为"天荒"，后来生员刘蜕终于金榜题名，被称"破"了"天荒"。现在用来指从未有过或第一次出现的新鲜事。

小明：常用的转义三字成语还有"拍马屁"。中国北方牧区进行马匹交易或遇到骑马的朋友时会伸手拍拍对方马的屁股，了解马是否膘厚身强，这是凭经验进行手测的正常动作，可有些人为了讨好对方，明明是匹劣马，也会连声称赞"好马"，"拍马屁"逐渐从一个测马膘的中性词，演变成阿谀奉承的贬义词。

与马有关的还有一个"露马脚"。明太祖朱元璋的马皇后是农民出身，长着一双大脚，平时穿长裙把脚遮住不外露，有次乘轿外出，一阵大风掀起轿帘一角，她一双大脚被人看到传为笑谈，从此"露马脚"（马皇后的脚讹为马的脚）成为指不注意时暴露短处的成语。

老师：常用的三字成语还有原意为破坏美好景色的"煞（败坏）风景"，比喻败人兴致；原指东路上主人的"东道主"，泛指"款待宾客的主人"；把不拘年岁、行辈而结交的朋友叫"忘年交"；等等。

"三人成虎"（拼字游戏）

老师：古人归纳出六种汉字造字规则（"六书"），其中的"会意（象意）"，是用已有的字，依据事理加以组合，来表示新义的造字方法，如人言为信，山高为嵩，会意造字是"拼字"法。请你们用三个"人"字拼成一个新字，大家可以充分发挥想象力。

小明："三"在古时是表示"多"的意思，所以三个"人"合起来是个众多的"众"字。

小智：三个"人"可以拼成一个"伕"字：伕的左边（亻）是个单人，右边（夫）拆开来是"二人"，合起来就是三个"人"。

小敏：三个人表演叠罗汉是个"众"字，站一横排是个"**似**"（zhòng，众的异体字）字。排成纵队朝前走还可以拼成一个"师"字：孔子说"三人行必有我师焉"。

小智：孔子是说人各有其好的道德、知识、技艺等，三个人中必定有值得自己学习的人。他是说三人中"有师"，不是说三个人拼起来"成师"。中国历史上确实有一个由三个人拼合起来的能人,那三个人是脑子灵活、技艺精湛、合伙干皮匠活的手工业劳动者,人们称赞他们"三个臭皮匠,合成一个诸葛亮"!所以三个"人"拼起来是个"亮"字!另外还有一个"刘、关、张桃园三结义"的故事,说明三个志同道合的人,还可以"拼(结)"成一个"义"字!

小敏:我们说的三人"成师、成亮、成义"都是牵强附会,其实三个人"拼"起来是个"虎"字。成语"三人成虎"说的是街上并无老虎,有个人听别人说街上来了一只老虎,他不相信,第二次听人说时将信将疑,到第三个人对他说时就信以为真。这只"虎"就是由三个造谣和传谣的人造或"拼"成的!

老师:"三人行必有我师",是说处处有老师,要学会尊重人,学习别人的长处;"三个臭皮匠,合成一个诸葛亮",是说人多智慧多,要重视群众的意见,不能自以为高明,看不起有实践经验的劳动人民;"三人成虎"(或"三人成市虎"),最早见于《战国策·魏策二》:"夫市之无虎明矣,然而三人言而成虎。"又《秦策三》:"闻三人成虎,十夫揉椎,众口所移,毋翼而飞。"意思是说的人一多,就能使人认假为真,说明人言可畏,谣言可恨。

坚决不留客（巧用标点符号）

小智：古时有个笑话：一个有歪才无德行的文人，有次出行遇到大雨，到一农家要求借宿，不知道主人是认识他而且鄙视他的为人，还是主人不认识他出于对陌生人的警惕，不同意他留宿。他卖弄文才，提笔写了一句"理由"："下雨天留客"，意思是老天下雨，要你留客是天意，不能违背。不料粗通文墨的主人提笔续了一句："天留人不留"，仍旧拒绝，他只得怏怏离去。

小敏：这个笑话还有一说，当时两句话都没有标点符号（古文一般都不点断），歪才文人脑子一转弯，提笔添上句读："下雨天，留客天，留人不？留。"他神气活现地望着主人，心想这后一句是你自己写的，你还能拒绝吗？不料主人也来个脑筋急转弯，把两句话抄下来重新标点："下雨天，留客天？留人？不留！"坚决不留。歪才文人无计可施，只能含恨冒雨离去。

小明：还有一个类似的捉弄土财主的笑话：一个家庭教师与吝啬的东家写下一张供膳的合约："无鸡鸭亦可无鱼肉亦可青菜

一碟足矣。"财主理解为"无鸡鸭亦可,无鱼肉亦可,青菜一碟足矣",因此欣然签了字。第一次供膳时只有几碟素菜,老师见了很生气,责问:"怎么净是素菜,没有荤菜?我们不是约定'无鸡,鸭亦可;无鱼,肉亦可;青菜,一碟足矣'的吗?"弄得财主哭笑不得,只好叫仆人补上几只荤菜。

老师:中国古时没有标点符号,读文章既吃力又会产生误解。宋朝始用",""、"表示"句读(dòu)"。1919年"国语统一筹备会"参考各国通用的标点符号,规定了十二种符号,由当时的教育部颁布全国,1951年出版总署颁发《标点符号用法》,使标点符号成为汉语书面语言的组成部分。

这里再举一个用标点代替文字表达思想的真事:据说法国大作家维克多·雨果,有一次写信给出版商询问《悲惨世界》出版事宜,只用了一个"?",出版商回信用了一个"!",双方都明白对方用意,且颇有感情色彩。

名不符实

小明:有个中年小老板,办了人寿保险不久,就不幸遭遇车祸去世。既然"人寿"已经保了险,为何不能长命百岁?"人寿保险不保长寿",名不符实!

小智:"名不符实"的事有很多:北京大学有个小湖,无锡老乡钱穆教授为它取了湖名,可"已名偏称未名湖";英国著名的"公学"(如伊顿公学),都是私立学校;还有"无门宣称是球门""公路无马叫马路""手镯硬说是首饰"……

小敏:不光有"名不符实"的名称,还有"名实相反"的说辞:房屋起火明明是"得火(或着火)",却说是"失火";消防车开来灭火,群众却说"救火车来了"。得火偏说是失火,灭火竟然称救火,全都说反了!

老师:还有铅笔无铅、糖精非糖、熊猫非猫;胎生、喂奶、用肺呼吸的水栖哺乳动物"鲸"叫"鲸鱼";离太阳最近,温度达400℃,不可能存在液态水的行星叫水星;世界上仅有的三种黑色金属铁、锰、铬都非黑色:纯铁和锰是银白色,铬是灰白色,全都被"黑白颠倒"了!这类名不符实或名实相悖的名称或提法,大家听惯、说惯了,不会产生歧义,不必"循名责实"去计较它们的本义。

一错再错

(一) 知错读"错"

小智:有个字我小时候曾经读错,老师指正后仍旧一直读"错"。

小明:什么字让你知错不改?

小智:是个"错"字。小学时听老师说过:金属的汉字常用意符和声符并用的"形声"造字法,如铜字,意符是金(金属),声符是同,"有时候不识可以读半边"。我不识"错"字,就读半边念成"昔(xī 锡)",以为是家中那把旧锡茶壶的"锡"字。老师指出后,我就一直改读"错(cuò)"字。

(二) 知对选"错"

小敏:考试中在解"对错选择题"时,有的考题我知道正确答案却仍旧选"错"。

小明:这又是为什么?

小敏:因为选项本身是错误的,必须选"错"才算答对,才能得分。

(三) 明知故"错"

小明:回答问题有时答错比答对好。譬如有陌生人"考"小孩子的记忆力,问他家中的电话号码时,他应当说"不知道"或者答一个错误的号码;革命者被捕后对付敌人的审问,对知道的事情也常常说"不知道"、昂首不回答或者故意给他一个错误答案。

老师:"错"不一定就是错误、错事、错案等贬义词,也可能是中性词或褒义词,像小明说的回答坏人提问时,要明知故错或将错就错;避开行车高峰要错时出行;建筑布局要错落有致;有种金质镶嵌工艺叫"错金银";形容诗文的辞藻绚烂叫"错彩镂金"……所以对"错"字要正确理解,该说(用)"错"时大胆说(用)。

"大学者"

小明：1931年，清华大学校长梅贻琦在就职演说中说："所谓大学者，非谓有大楼之谓也，有大师之谓也。"在神话和武侠小说中，"大师"是指信仰坚定，精通佛学，法力、武艺高强的高僧，他们大都在寺院或隐居在山野之中，在大城市中的现代大学中怎会有"大师"？

小智：梅校长讲的"大师"不是高僧，是"大师"级的名教授。教师是办学的中坚力量，名师是各类名校的基石和名片。

小敏：对，"大师"是指校内各学科专家、学者中的佼佼者，是得到公认的大学者。梅校长讲话可简化为"所谓大学者，是有大学者之谓也"！

老师：小敏所改编梅校长"语录"中的两个"者"字，是指事之词，前一个是指单位（大学），后一个是指"学者"（求学的人、做学问的人和学术上有造诣的人）个人。他把两个"大学者"放在一起，好像是一句同语反复的笑话，其实它们的指向不同、意义既有区别而又互相呼应，是浓缩版的"梅语录"！

"南北通州通南北,东西当铺当东西"

(奇联巧对选之一)

老师:楹联(对联)是中国特有的表达思想感情的文学形式,它短小精干,用途广泛(是律诗的中心组成部分)。历史上流传下来许多名联、奇联、巧对,可供我们欣赏、借鉴,从中得到乐趣、增长知识、吸取教训。你们也可以学写、试作,推陈出新,传承中华优秀文化。

小智:有两副有关无锡的地名对很有趣。一副是:

无锡锡山山无锡,平湖湖水水平湖;
常德德山山有德,长沙沙水水无沙。

还有一副范长江巧对阎锡山联,据说1935年山西土皇帝阎锡山经过无锡时去游锡山,突发奇想作上联:"阎锡山过无锡,游锡山,锡山无锡",随员及登报征下联后皆无人应对。抗战时著名记者范长江随陈毅到安徽天长县采访,触发灵感,吟出下联:

"范长江到天长,望长江,长江天长。"非常贴切,陈毅连声称赞:"妙!妙!长江,才子也。"

小敏:有三副分别把大家熟悉的时间、植物和人名入联的巧对也很有趣。

天上月圆,人间月半,月月月圆是月半;
今宵年尾,明日年头,年年年尾接年头。

蒲叶桃叶葡萄叶,草本木本;
梅花桂花玫瑰花,春香秋香。

两船并行,橹速不如帆快;
八音齐奏,笛清难比箫和。

最后一副"人名对"中,嵌入鲁肃(三国)、樊哙(汉初)、狄青(宋)和萧何(汉初)四人名字的谐音,分别暗指"文官不如武将"和"武将难比文官"。

小明:有一副通俗易懂的对联,据说是乾隆下江南到南通州时出的上联,当场无人能对。一个随行的小太监在街上看到有很多当铺,触发灵感对出下联(因此得到重赏):

南通州北通州,南北通州通南北;
东当铺西当铺,东西当铺当东西。

(南北通州现为江苏省南通市通州区和北京市通州区。)

老师:清末何淡如撰写的上下字面对仗工整而意义不对等的无情对:

公门桃李争荣日；

法国荷兰比利时。

"公"是对人的尊称，"公门"就是"您家"（有人改为"满门"用来对"法国"——"满"与"法"部首相同）。"桃李"是桃花、李花，也比喻栽培的后生和荐举的人才。下联用欧洲三国的中文译名，望文生义，对得巧妙，可说是中西合璧，洋为中用。

还有一副个人修养的对联也很有趣：

鸟在笼中，恨"关羽"不能"张飞"；

人在世上，要"八戒"更须"悟空"。

有趣的字谜

小明：有个字谜"一直下去是上海"很有趣，我首先想那可能是沪宁、沪杭铁路线上靠近上海的车站名，没有找到合适的字。后来查《辞海》看到"上海市"简称沪，别称"申"（以境内黄浦江别称春申江，简称申江而得名），在分析沪、申两字时想到"申"和"由"两个字的笔画相同，只是申字中间的一竖向下出了头，"一竖"和谜面中的"一直"同义，所以肯定谜底是一个"由"字。

小智：字谜"一家十五人，大人护小人"也很有趣。在一个字中反映15口人的大家庭不容易，这使我煞费脑筋。后来根据谜面中常用隐喻、转义等手法，悟出那"家"并无15个人，而是由一个"十"字和五个"人"字组成的，谜底是个"伞"（雨伞、阳伞"伞"字的繁体字）字。

小敏：有个较为复杂的字谜更有趣："一撇六个口，四脚齐步走。颜回问孔子，孔子摇摇手。"这个谜很难猜，贤人、大学者颜回猜不出，向他的老师孔子请教，孔子摇手表示不知道（也可能不愿教,要他动脑筋),我到现在也没有猜出。

老师:你这是以12岁的"小人"之心度"圣人"之腹:孔子摇手不是说他"不知道或不愿教",而是用手语把谜底告诉颜回,说谜底是个无锡的"無"字:一撇下面两排方格子是六个"口"字,底下整齐排列的四点是四只齐步走的"脚"。"無"的字义就是孔子用摇手表示的"没有,不存在"。

"谜语"古称"隐语",是以某一事物或某一诗句、成语、俗话或文字为谜底,用隐喻、形似、暗示或描写特征等方法作出谜面,供人猜射。它是一种口头文学、文人游戏。谜语分猜射事物的事物谜和以文义作谜底的文义谜("灯谜")两种,你们讲的三个都是文义谜。建议你们在学好英语的同时,在休息时猜猜中国"隐语",可以提高思维能力和分析问题的能力,同时加深对丰富多彩中华文化的理解。

最"长"的词

小明：英语中有一个最长的单词"smiles"（微笑、笑容），它的首、尾两个字母 s 之间的距离有一英里（mile）长！

小智：中文中有个赞美青年时期的形容词"韶光（美好的时光，常指春光）年华"，它在首、尾两个汉字"韶"和"华"之间，有一个"光年"的距离，天文单位"光年"是光在真空中一年内走过的距离，约为 94605 亿千米，它比 1 英里（约 1689 米）要大 56012 亿倍！这可能是世界上最长的词（形容词）！

小敏："长"不光是指两者相隔的距离长（长远），也包括两者相隔的时间长（长久）。中文佛教用语中有个叫"大千世界"（指佛祖释迦牟尼教化的范围）的名词，在它首、尾"大"和"界"两个汉字之间，隔着"千世"的漫长时间。中国古代称 30 年为"一世"，"千世"就是三万年！所以"大千世界"可能是世界上时间最长的词。

老师：你们讲的"长"词所包含的空间距离和时间间隔的

"长"(长远或长久),是将词斩头去尾后剩下的内容,不是词的本义。这里介绍一个其本义从空间和时间上说都是最"长"的中文单词:"宇宙"。最早提出的是《淮南子·原道训》"纮宇宙而章三光(三光指日、月、星)",东汉高诱注:"四方上下曰宇,古往今来曰宙,以喻天地",它是包括三维空间加一维时间的"四维世界",是古往今来天地万物的总称,在时间上没有开头、没有终了,在空间上(上下、左右、前后)没有边界,没有尽头,科学家估计,以光的速度前进到宇宙真正的"深处",大约要 200 亿年!所以中文"宇宙"是世界上其含义在空间和时间上都最"长"的单词!

* 佛经以过去、现在、将来为"世",以东西、南北、上下为"界",佛教对"世界"和儒家对"宇宙"的解释"不谋而合",说明中国和印度两大古文明对此有极为相似的认识。

英语笑话三则

(一) 中国在上海?!

小明:大家都知道上海在中国,不过说中国在上海也行。

小智:笑话,"部分"怎么能包含"整体"?

小明:一些沪产出口商品上印的产地,上面一行是中文:产地　中国　上海;下面一行是英文:Made in Shanghai China(产于上海中国)。中英文标识有同等效力,所以"中国上海"="上海中国"。

(二) 长在松树上的凤梨

小智:今天英语课上介绍水果写法时讲到凤梨,你知道凤梨是什么水果?它长在哪里?

小明:凤梨又叫菠萝,长在菠萝树上。

小智:那是在别的地方,在英、美等通用英语的国家,凤梨是苹果的一个新品种,它是长在松树上的。

小明、小敏:有什么根据?

小智:我查过《英汉词典》,"凤梨"在英语中叫 pine apple(松树·苹果),意思是"长在松树上的苹果"。

(三)周期问题

小智:一只香蕉,英文是 a banana,一串香蕉应当是 a banananana……请问它第 100 个字母是什么?

小敏:这是个周期问题,一个周期为"na",$(100-2) \div 2 = 49$(组),第 100 个字母是 a(由凡是偶数位的字母都是 a,奇数位除第一位外都是 n,也可确定)。

严嵩是"明臣",和珅是"清官"?!

老师:你们知道中国历史上有哪些大昏官、大贪官?

小明:戏文上看到的有严嵩、和珅……

小智:严嵩、和珅既是昏官和贪官,也是"明臣"和"清官",而且和珅是个"大清"官!

小明:天大的笑话。严嵩是嘉靖皇帝的宠臣,他"操纵国事,杀害忠良,贪赃枉法,吞没军饷",后被革职,儿子被处死,这样的昏官怎会是"明臣"?和珅是乾隆皇帝的宠臣,他"植党营私,招权纳贿",乾隆一死,继位的嘉庆就将他逮治,责令自杀,抄没的家产据说等于朝廷10年的收入!民间有"和珅跌倒,嘉庆吃饱"的说法,这样的大贪官怎会是"大清官"?!

小智:严嵩是明朝嘉靖皇帝的吏部尚书、内阁首辅,是"明臣";和珅是清朝乾隆时的户部侍郎、军机大臣和内务府总管,是"清官";清朝对外自称"大清国",所以和珅是个"大清"官!

小敏:对,在官场上,严嵩、和珅分别是"明臣"和"清官",实际上都是大昏官和大贪官！现在也有这样的人：名义上是共产党、人民政府的干部，背地里却干贪赃枉法的事，在党中央开展的反腐败风暴中，他们也纷纷被剥下"明臣""清官"的外衣，露出了"昏官""贪官"的原形。

无独有偶 = 无奇不有 = 积零为整 = 0

小智:成语"无独有偶"(独:一个;偶:一双,成对)的语文解是指人或事、物不止这一个,还有另一个可以配对,是说"有一必有二"或"有一还有二"。在数学中,"独"就是单位1,所有的奇数和除0以外的偶数,都是由单位1集合而成的,"无独(不含单位1)"的偶数只有0,所以"无独有偶"的数学解就是0,是"一个也没有"!

小敏:成语"无奇不有"的语文解是"什么稀奇的事情都有"。在自然数中"无奇"(没有奇数)就是只有偶数;"不有"就是"没有",在偶数中符合"不有"条件的,只有一个"0",所以"无奇不有"的数学解是"0",是"什么都没有"!

小明:用数学概念解释语文用语很有趣。银行、邮局有个"零存整取"的储蓄品种,目的是"把零数的钱积成整数"办大事。从数学角度看,不管把多少个"零(0)""积(加、乘)"起来仍然是一个"0",所以靠"积零"得到的"整数"只能是一个"0"。每次存的是零(0),积成的"整数"也是零(0),完全是"无事忙"。

并非笑话

（一）部分和整体一样多

小智：大家知道整体包含部分，部分小于整体，可有时部分也可等于整体。例如完全平方数、偶数都是自然数的一部分，你说它们哪个多、哪个少？

小明：自然数最多，完全平方数最少；前一万个自然数中，只有五千个偶数和一百个完全平方数。

小智：我说它们一样多，有一个自然数，就有一个偶数和完全平方数：

自然数：$1、2、3、4、5……100、101、102……n、n+1……$

偶数：$2、4、6、8、10……200、202、204……2n、2n+2……$

完全平方数：$1、4、9、16、25……10000、10201、10404……n^2、(n+1)^2……$

小明：怎么会出现这种违反常识的结果？

小敏：17世纪意大利科学家伽利略发现："整体大于部分"

是对数量有限的物体而言的,当涉及无穷多个物品(自然数、偶数、完全平方数都有无数个)时,它们之间可以建立"一一对应"关系,也可以说它们"一样多"!

老师:在上述思想启发下,德国数学家康托尔创立了集合论,它揭示出:在部分和整体之间可以建立"一一对应关系",这是含有无穷多个元素的集合的本质属性之一。所以你们要注意,不要把在有限的情况下得到的定理或正确结论,随便推广应用到无限的情形中去。例如对有限数 a,是 $a+a=2a$,可对 ∞(无穷大)来说,是 $\infty+\infty=\infty$,而不是 $\infty+\infty=2\infty$!

(二)"河北省"在北京市

小敏:北京市三面都与河北省相邻,在某种意义上可以说"北京市"在河北省内,可你不会知道,"河北省"也在北京市内!

小智:笑话,北京市不可能"包含"面积比它大 11 倍的河北省,这是常识!

小敏:我有权威"物证"可以证明。

小明:什么物证?

小敏:垂直竖在京、冀(河北省)分界线上的"界碑"。大家知道,"线"是只有长度没有宽度和高度的数学概念,"界碑"有一定的厚(宽)度,它标明"河北省"的一面肯定已在北京市内,而标明"北京市"的一面则落在河北省内。所以说"北京市"在河北省,"河北省"在北京市!

注意,有引号的"北京市"和"河北省"是写在界碑上的。

一题多解：1 + 1 = 1、2、3、10、11？

老师：1 + 1 等于多少？有几种不同答案？

小明：在小学只知道 1 + 1 = 2 一种答案，后来才知道如果改用二进制计数法（只有 0 和 1 两个数字，逢二进位）运算结果是 1 + 1 = 10。

小智：远古时期的希腊人和印度人都曾把两个数字写在一起表示加法，两个数字写得分开一些表示减法，如 $3 + \frac{1}{4}$ 写成 $3\frac{1}{4}$，$3 - \frac{1}{4}$ 写成 $3\ \ \frac{1}{4}$。按照这个法则，1 + 1 应写成 11，也可说是 1 + 1 = 11。古罗马用符号Ⅰ表示 1，用两个Ⅰ并列Ⅱ表示 2，运算时把 1 + 1 = 2 写作Ⅰ+Ⅰ=Ⅱ。

小敏：两个企业重组后发挥各自优势，相互取长补短，使产量和利润大于合并前两企业之和，媒体在报道中常用 1 + 1 > 2、1 + 1 = 3 之类的算式，说明 $1 + 1 = n(n > 2)$ 也是一种可能的答案。这是说的笑话，这里补充一个"逻辑代数加法"的例子："逻辑代数"只有 0 和 1

两个不是数字的符号,在通常的逻辑电路中,1表示电路是通的,0表示电路是断的;电灯发光的符号是1,不发光的符号是0。

在附图的逻辑电路中,A、B是两个开关,E是电源,P是电灯。如果开关A、B同时拉开,电路不通电灯不亮,得0;如果开关A按上,开关B拉开,电路通过开关A接通电灯亮,得1;如果按上开关B拉开开关A,电路通过开关B接通电灯亮,也得1;如果开关A、B都按上,两条电路都接通,那就是1+1,但电灯只能发同样亮光,因此也得1。以上四种状态用数学式子表示是 $0+0=0;1+0=1;0+1=1;1+1=1$。等式 $1+1=1$ 好像不合理,可它完全正确,这就是逻辑代数的加法。

老师:由于不同原因,1+1有不同答案。其中二进位制的 $1+1=10$、罗马记数法的 $I+I=II$,答案都是十进制的2。古希腊和印度人的11是表示"两个1相加"的运算,不是相加的结果。企业重组中的 $1+1=3$ 是一个比喻。逻辑代数中的1,是表示一种状态(电通、灯亮等)的符号,不是数字。因此1+1的正确答案在十进制记数法、二进制记数法和逻辑代数加法中分别是2、10和1。

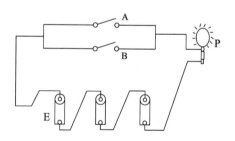

失败也有积极的方面

老师:"失败"是大家不愿得到的消极结果,不过"失败"也有积极的方面。

小明:对,数学课讲过,减去一个负数等于加上与这个负数绝对值相同的正数;减少支出等于增加收入,减少亏损就能增加赢利……依此类推,失去败就能得到胜:失败=得胜!

小智:成语"失败是成功之母",说只要能从失败中吸取教训,扬长避短,百折不挠,就可能转败为胜。所以"失败"的语文解是它"能孕育胜利,往往是成功的先导"。

小敏:成功与失败和得到与失去一样,都是既相反又相成的一对矛盾。成功不光是得到,也可能有失去;失败不光是失去,也可能有收获(包括收获教训,不犯重复错误)。发明了白炽灯的爱迪生,为了延长电灯的使用寿命,寻找更好的灯丝材料,与助手在试验多种植物纤维的过程中,有人提醒他:"你已经失败1200次了!"他平静地回答:"我没有什么失败,我已经成功地发现了1200种不适合做白炽灯丝的材料,离成功已近了一大步!"他坚持继续试验,直到试用了6000多种植物纤维后,才从全世界找来的上千种竹子样品中,找到可以照明1000多小时的新的灯丝材料——日本竹丝(后来改用更能耐高温、少挥发的钨丝)。所以"失败"的哲学解是"失败既是失去,也有收获,它可能是通向成功的阶梯"。

老师:小明说"失败=得胜",是利用数学原理玩文字游戏的笑话;小智说的"失败能孕育成功"是真话,但它要创造一定的条件,不是失败本身的积极方面。正确态度要像爱迪生那样,认识到失败是实验性和创造性过程的自然产物,它是一种迂回,是转败为胜的开始。要能从失败中看到收获,增强信心,不轻言放弃,千方百计创造条件去争取胜利。这才是看到失败的积极方面,是对失败的正确态度。

最少需要几个男生和女生？

小智：每个男生的背后站一个女生，每个女生的背后站一个男生……第1个和第31个都是男生，请问这支队伍最少要有男生女生各几个？

小明：太简单了，一个男生和一个女生构成一组，前30位构成15组，加上最后一个男生，一共有16个男生和15个女生。

小敏：你是根据学生排成一列纵队来计算的，如果有男、女生人数相等的n（n是大于5的偶数）个学生，男、女生面朝同一方向一隔一站成一个圆圈，任意选定一个男生作为"第1个"，那么往后数到第31个，肯定也是男生。排成这支队伍"最少"只要6人，男生、女生各3个。

小明：为什么n必须是大于5的偶数？

小敏：因为至少要5人才能站成近似的圆形——五边形；要男女间隔，人数必须是偶数。

小智:6个人还太多,"最少"只要1名男生和1名女生,让他们背靠背站定,如果男生作为"第1个",那么往他们的"背后"数下去,第31个(或所有的奇数位)肯定是个男生!

"8"的一半是多少?

小敏:这次数学测验,全年级有 8 人得满分,我们班上占了"一半",你知道有几人?

小明:$8 \div 2 = 4$,当然是 4 人。

小敏:多了,不到 4 人。

小智:将"8"字按纵向在中间劈开是两个"3"字,你们班有 3 人得 100 分?

小敏:你的思路不错,只是方法不对,不是按纵向把"8"字劈成两个"3",而是按横向在中间把"8"字截成两个"0":我们班一个满分也没有。

老师:你们拆分数字 8 得 3 或 0,使我想起一副类似的拆分汉字的巧对:

  枣棘为薪,截断分开成四束*;
  阊门造屋,移多补少作两间。

我把你们讲的归纳为上联,杜撰两句下联,凑成一副不讲对

仗平仄的冒牌"拆字联":

  8 数属偶,截断劈开是 03;

  11 称奇,移左补右仍 11。("11"读十一)

 *棗棘拆开是四"朿"(cì,木芒)不是四"束",取其大概而已。

$10 + 6 = 10 - 6$?

小智：小明，a 是什么数时，等式 $10 + a = 10 - a$ 才能成立？

小明：只有 $a = 0$ 时这个等式才能成立。

小智：不一定。我在解一个生活中的应用题时，发现 $10 + a = 10 - a$ 中的 a 可以不是 0！

小明：不可能，你不是题设不对就是列式错误！

小智：这个应用题是：现在时钟的时针指的是 10 时整，请问 6 小时前和 6 小时后，时针会指向几时？我用现代化的精密仪器——瑞士今年生产的金表反复进行测试，发现时针都指向"4"时，10 时 + 6 时 = 10 时 − 6 时 = 4 时，a 可以是 6！

小明用他的手表进行复测，不仅证实了小智的结论，还发现任意一个时刻，加上和减去 6 小时后，表面上显示的时间都相同。

小敏：还有一年中任何一个月份，加上 6 个月和减去 6 个月后都是同一个月份：10 月 + 6 月 = 10 月 − 6 月 = 4 月，5 月 +

6月 = 5月 − 6月 = 11月……

老师：这是一个周期问题，在一个由偶数 m 个连续自然数组成的首尾相接的圆周中，每个数加上和减去 $\frac{m}{2}$ 后的得数都分别相同。如由 1 到 20 的自然数列组成的圆周中，$m = 20$，$\frac{m}{2} = 10$，有 $3 + 10 = 3 − 10 = 13$，$10 + 10 = 10 − 10 = 20$……不过要注意：你们实验得到的 10 时 + 6 时 = 10 时 − 6 时 = 4 时和 10 月 + 6 月 = 10 月 − 6 月 = 4 月，只是在"表面"和"年历"上相等，在实际生活中并非同一个时刻，而是相差了一个周期——前者相差 12 个小时，后者相差一年！所以 $10 + 6 = 10 − 6$，是一个表面上正确实际上错误的等式。

天上有几个太阳？

小敏：你们知道天上有几个太阳？

小智：太阳是一颗炽热的气体球，是能发光的恒星。宇宙中有无数颗类似能发光的恒星，但大都因为离我们太远，看起来只是些亮度不等的星星。在地球上能看到并被称为"太阳"的恒星只有一个。

小明：对，传说中国尧舜时代天空中曾有十个太阳（"十日并举"），世人感到酷热难耐，草木枯萎。夏代神射手后羿，用箭射落九个，只留下一个为世人供热、照明。

小敏：现在中国上空至少还有十个太阳！

小明：你在什么地方看到过十个太阳？

小敏：每晚中央电视台播出《天气预报》节目时，如果全国第二天以晴天为主，在电视屏幕出现的大幅中国地图上，就会同时出现几个乃至十几个太阳。你想，光是在中国上空就有这么多太阳，那天上的太阳何止十个！这种场景经常出现，大家却"熟视无睹"。

老师:小敏说的是笑话,但国内外都有天空中同时出现几个"太阳"的记载:赵匡胤借当时天空中出现两个"太阳"的天体异常,发动陈桥兵变,篡夺后周帝位建立宋朝;在峨眉山(1933年8月24日上午)、西安(1934年1月22、23日)和南京浦口盘城集(1965年5月7日16时和6月2日6时),都曾出现过三个"太阳"并列天空的奇景。俄国学者罗维茨曾详细记录1970年夏季看到由两个虹彩的光圈形成的"幻日"的过程,复杂的光晕现象持续了五个小时,说明"假太阳"是光学原理造成的自然现象。其实真正的太阳只有一个,其余都是它的虚幻的影子。

老虎的好朋友

小智：什么动物是老虎的好朋友？

小明：是龙，"钟山龙蟠，石头虎踞"，龙和老虎是南京同乡。成语"虎啸龙吟""龙骧虎跱""龙腾虎跃"，说明龙、虎常在一起玩耍。狐狸也是老虎的朋友，据说有一次狐狸领着老虎去游山，百兽都为它们让路、致敬。

小智：那是狐假虎威傍大款，它们不是真朋友。老虎的亲密朋友是兔子，《左传》把老虎称为"於菟（菟即兔）"；海南三亚爱心动物园让"虎兔同笼"；《辞海》中有个"虪"（tú）字，郭璞注："今江南山夷呼虎为虪"，"虪"字说明虎、兔是终生相伴、合二为一的好朋友。台湾一动物园诞生过"狮虎兽"，说明狮、虎能成为"一家子"。

小敏：老虎的好朋友是牛和兔子。在中国人的十二生肖中，牛（前）、兔（后）始终和在中间的虎相伴，一个阴历虎年年底出生的人属虎，但在阳历已是兔年，如按阳历要说属兔（俗称"小虎大兔")*;同样,如果一个人在阴历牛年年底、阳历虎年年初出生,他的属相就是小牛大虎,说明牛、兔和老虎都是前后"值班"的同事,是和老虎亲密到可以共存于一个"人"身上的好朋友。

老师:老虎不仅"兽缘"好,有许多动物朋友,它的"人缘"也不错,在四川(成都新都区的龙虎村、川南五灵乡岐山坝村等地)和云南、南京、洛阳、西北等地都有姓"虎"的家族或居民,可能是他们在原始社会的先人认为老虎跟本氏族有血缘关系,因此用作本氏族的姓,可他们对外都自称姓(比老虎温和的)"猫",这说明虎、猫自古是一家(老虎在动物学分类上属于猫科),所以猫也是老虎最亲密的朋友——是可能有血缘关系的"一家子"。

* 中国人的生肖按阴历来定。

中世纪欧洲文化名人三问

老师：中世纪欧洲的文艺复兴，出了一大批著名的作家、艺术家。我出三个问题，考考你们是否知道有些人的趣事。

问题一：德国作家歌德歌颂的是什么"德"？

小智：他歌颂的是"浮士德"。歌德从青年时期开始构思，到他去世前一年出版《浮士德》的第二卷，历时58年，《浮士德》是他毕生的力作。他在书中塑造了一个不断探索人生真谛、不断进取的形象。主人公浮士德虽已年届百岁又双目失明，但他仍然认为人生应当"每日每夜去开拓生活和自由，然后才能享受自由和生活"，歌颂了终生追求真理、自强不息的品德。

问题二：意大利艺术家达·芬奇画得最好的是什么画？

小明：列奥纳多·达·芬奇的壁画《最后的晚餐》、祭坛画《岩间圣母》和肖像画《蒙娜丽莎》都是世界艺术宝库中的珍品。

小敏：达·芬奇一生中画得最好的是鸡蛋！他14岁时跟著名艺术家维罗齐奥学习绘画。维罗齐奥一开始既不传授绘画理论和技巧,也不让他进行临摹,只是天天叫他画鸡蛋,他对画得不耐烦的小达·芬奇说:"世界上没有完全相同的鸡蛋",使其领悟到老师是在培养他的观察和把握形象的能力,于是达·芬奇潜心画蛋,苦练基本功,做到眼、心、手一致,想啥画啥就像啥,才能在以后画出《蒙娜丽莎》等传世名作。

问题三:世界第九奇迹在哪里?

小明:世界上只有八大奇迹,没听说有权威机构评出的第九大奇迹!

小敏:有,在奥地利。18世纪奥地利有个"音乐神童"莫扎特,3岁就能在钢琴上弹奏听过乐曲的片断,5岁开始学作曲,6岁时就和11岁的姐姐由担任乐队小提琴师的父亲带领着周游德、奥、英、意等国,进行长达10年的旅行演出,莫扎特12岁创作歌剧《装痴作傻》,14岁为意大利米兰歌剧院写歌剧并亲自指挥,同年获得鲍伦亚学院院士称号。他的表演到处引起巨大轰动。在他父亲带他去拜访大作家、大诗人歌德时,歌德说:"莫扎特是世界第九奇迹!"

老师:莫扎特16岁时回到家乡维也纳萨尔茨堡,在大主教的宫廷乐队里担任首席乐师,受到刻薄对待,27岁时与主教决裂,到维也纳定居后,全身心投入音乐创作。他生活十分困难,不幸在35岁时英年病逝。在他短短一生中创作了歌剧22部、交响曲41部、钢琴协奏曲27部、小提琴协奏曲6部。他的音乐被称为"永恒的阳光",给人们带来美好的享受。

"知彼知己"就能百战百胜?

小明:《孙子兵法》中的"知彼知己,百战不殆",是说只要对自己和对方的情况都了如指掌,就一定能战胜对方。

小智:不一定。世界网坛有一对著名的黑人姐妹花——美国的大、小威廉姆斯,她俩从小一起生活、学习和练球,还曾多次配对获得双打冠军,两人的脾性、打球的习惯和特长以至思维方式等,都相互"知彼知己""心心相印",可是不论是平时练习还是正式比赛,她们之间都是互有胜负,都不能"百战百胜"!

小敏:打胜仗要靠较强的政治、经济、军事等综合实力,靠正确的战略战术和高昂的士气,等等。掌握全面、准确的情报,做到"知彼知己",对打胜仗能起很大作用,但战场情况瞬息万变,光靠这一点不一定能打胜仗,不可能"百战百胜",孙武先生的论断太绝对。

老师:这个成语有两种理解:一是形容每战必胜,所向无敌;一是认为"百战不殆"的"殆"是危险、不安的意思,是说"知己知彼",在战争中能心中有数、趋利避险,更有信心去争取胜利。不是说光凭这一条就一定能战胜对方,也不能理解为只要"知彼知己"就没有危险、不用担心,可以稳操胜券。

谁为唐僧牵马？

小智：在电视连续剧《西游记》中，为唐僧牵马的是谁？

小明：是猪八戒。他为唐僧牵马的镜头，在片头、片中、片尾中经常出现。

小敏：是著名歌唱家蒋大为老师。他在该剧的主题歌中唱道："你挑着担，我牵着马……"在每集播出时他都要借唱歌声明：为唐僧牵马的是"我"蒋大为！

小智：你们说的都是事实，这可把我弄糊涂了：为唐僧牵马的究竟是猪八戒还是蒋大为？应该相信自己的眼睛还是相信自己的耳朵？

小明（斩钉截铁）："耳听是虚，眼见为实"，为唐僧牵马的是猪八戒！

小敏：大家"眼见"的是演员扮演的虚构的猪八戒，"耳听"的是蒋大为老师本人的歌声，所以"眼见是假，耳听为真"，为唐僧牵马的是蒋大为！

老师：除"纪实文学"外，文艺作品中人们看到的场景和听到的讲话，都是作者虚构的，谈不上真和假，历史上确实有人为到西方取经的唐僧牵马，在唐僧只身偷渡出玉门关时，是一位送他一匹曾多次往返西域的识途枣红马的少数民族信徒石槃陀牵马；以后主要是西域沿途信奉佛教并和唐王朝亲善的国王派遣护送的士兵和信徒为唐僧牵马；进入古印度诸国后，牵马者是他的信徒。了解真相要作调查研究，不能轻信所见所闻！

"钱三强"是哪"三强"?

老师:新中国成立初,中国一个科学家代表团出访途中闲谈时,华罗庚看着核物理专家钱三强出了一个上联:"三强韩、赵、魏(战国七雄中的三国)",大家一时想不出下联。华罗庚看着气象和地球物理学家赵九章吟出下联:"九章勾、股、弦(中国古代经典数学著作《九章算术》,第九章'勾股'中讲的勾股弦定理)。"大家拍手称绝。华罗庚从钱三强想到"三家分晋"的韩、赵、魏三强国,可韩、赵、魏与"钱"没有直接关系,请问"钱三强"是哪"三强"?

小明:"钱"是姓,"钱三强"是指姓钱的三位名人。是被周总理称为"三钱"的爱国科学家钱学森、钱三强和钱伟长。

小智:"钱"是货币,"钱三强"是指全球外汇市场的三大支付货币。现在是美元、欧元和英镑(接下来是日元和人民币)。

小敏:"钱"是财富,"钱三强"是指最富有的三个人或三个最大的经济体。现在(截至2014年)世界最富的三个人是比尔·盖茨(美)、卡洛斯·斯利姆(墨西哥)和阿曼西奥·奥尔特加(西班牙);世界三大经济体是美国、中国和日本。

三言两语

(一)"西天出太阳"

小明:我爸爸烟瘾极重,妈妈说"要他戒烟除非西天出太阳",我说将来让他到金星或天王星上去戒烟,那里太阳西升东落,天天"西天出太阳"!

(二)不能"保重"

小明:我爷爷有心脏病,退休在家,来探视的客人临走时都说"×局您多保重"。有次我9岁的堂弟提出异议:"医生说爷爷太胖,对心脏不好,要减肥,不能'保重'!"

(三)"不忍心"和"不相信"

小智:我奶奶心地善良,天寒地冻,看到电视机里的女演员半裸着身体表演歌舞时会转频道,说是"不忍心看下去";爷爷在听到电视机里穿着单薄春装的气象预报员说:"寒潮来袭,本地气温已降到零下×摄氏度"时,会连说"不相信"!

（四）乐见"内战"

小智：我们一般都反对本单位的人发生"内战"，可在看到中国乒乓球、羽毛球队，在国际比赛中有两人进行单打决赛"内战"时，却都会热烈鼓掌。

（五）最"廉洁"的局长

小敏：报上表扬邻市一个从不到下属单位吃饭、喝酒、拿礼品的局长。我市有个局长比他更廉洁：对远郊几家困难的下属单位，不但做到上述"三不"，就连空气也没去吸过一口！

（六）"五粮液为您报时"

小敏：每晚7时，中央电视台都请一个企业（如"五粮液"）为观众报时。这样做可能误导电视受众，以为国家天文台、电视台等职能部门不做准确授时的本职工作，却要由与授时无关又无此能力的"五粮液""剑南春"等企业"越俎代庖"。

（七）"上帝"要关爱生命

小明：商场"告示栏"中，有商家"不顾血本"，用"跳楼价"促销的广告，我认为作为"上帝"的顾客，要关爱商家的生命，不买或加价购买这类商品。

（八）"说真话卖真药"也不一定对

小智：经商"说真话卖假药"固然不行，可"说真话卖真药"也不一定可以：不法分子之间"说真话卖真药"，如毒品和枪支弹药的买卖都是严重犯罪。

(九)"半日不见,是隔卅秋"

小敏:我原来认为"一日不见,如隔三秋"太夸张,昨晚在电视中看京剧,看到青年将军伍子胥过昭关"一夜白了头",才知道世界上还有"半日(即一夜)不见,是隔卅秋"的奇迹。

谁花钱最少?

老师:请你们回答一个智力测试题:怎样花最少的钱把一间农村空房装满?

小明:向农民购买粉碎还田后多余的秸秆,经固化、汽化后,作奶牛饲料、工业原料和蘑菇基料等。买装满一间空屋的秸秆花钱不多,既可增加农民收入和农、副业的生产资料,又可避免燃烧秸秆造成大气污染,保护环境。

小智:秸秆之间有空隙,不能把空房全部"装满"。我想只要花几元钱买一支小蜡烛在房中点燃,明亮的烛光就能"装满"整个房间!

小敏(不声不响伸出双手拍了两下):我一分钱没花,这"啪、啪"的声音就"装满"了整个房间!

老师:小敏的办法既巧妙又最省钱,但小明的办法更有意义,建议你们利用一切机会向农民宣传秸秆不焚烧再利用的好处,或者参加义务劳动,帮农民收集、处理秸秆,变废为宝、增利避害。

祖孙三代：行动、知识、创造

小明：教育家陶行知原名陶文濬，年轻时因信奉王阳明"知是行之始"的主张而改名"知行"；后来办教育发现行更重要（"行而后知"），又改名"行知"。他曾写一首《三代》的打油诗作说明："行动是老子，知识是儿子，创造是孙子。"

小智：陶行知在办教育的实践中，既重视知识教育，又重视实践操作，他说："人生两件宝，双手与大脑。用脑不用手，快要被打倒！用手不用脑，饭也吃不饱。手脑都会用，才算是开天辟地的大好佬。"强调要手脑并用，手脑密切沟通，相互促进。动手要以动脑（知识）作基础，动手操作能发展智力，加深对知识的理解，创造则是手脑并用的产物，所以他说："手和脑一块干，是创造教育的开始。手脑双全，是创造教育的目的。"

小敏：中国现时教育的通病，是重知识而轻实践，学生用脑（死记硬背）过度而动手不足，考试成绩好而动手能力（解决实际问题和创造发明）差。在深化教育改革中，要接受陶先生早年的忠告，既重视知识教育，又重视实践操作，为实现中华民族伟大复兴的中国梦，培养大批"手脑并用"的创造、创新型人才。

"尊师重教"

小明：改革开放初期，教师的收入不高，有人搞"第二职业"，在节假日到朋友开的饭店"打工"：端盘子、抹桌子、打扫卫生，旁人说他是"斯文扫地"！

小智：哈哈，那现在有的教师辞职或退休后"下海"办厂、开店，可说是"文明经商"了。

小明：我小学的两位老师，在节假日和晚上，一个去当"家教"，一个到"培训班"上课算什么呢？

小敏：那叫"尊师重教"！

考试作弊"合法"?

小智:学校三令五申:"学生要讲诚信,考试不能作弊,违者严肃处理",可偏偏有人"顶风作弊"!

小明:没听说我校有人考试作弊啊。

小智:今天我们班唱歌学期考试,老师先用录音机在教室里播放"考题"——一首不长的新歌,同学们认真听和跟着哼了几遍后,再一个个分别看着"标准答案(歌纸)"唱,由老师评分,这是公然"集体作弊"!

小敏:昨天我们班考图画时也有类似的问题:监考老师堂而皇之把"标准答案"——一幅风景画挂在黑板上,叫大家照着"抄"在"试卷"(白纸)上,这也是一起师生"通同作弊"的严重事件,可是校长在走廊上看到了却只当没看到,快步走开而不加制止!这不仅是一般的"有法不依,执法不严,违法不究",而且是"执法者"(监考老师)"犯法","立法者"(校长)放纵"违法"!

有趣的谐音记忆法

小明：《初中生必读》2013年第三期"开心岛"，有则"谐音记忆"：历史老师说：秦朝统一六国的顺序是韩、赵、魏、楚、燕、齐，可记为"喊赵薇（电影演员）去演戏"，它有趣、好记，我看一遍就把秦始皇统一中国的过程记住了。

小智：圆周率 π 是个不循环的无限小数，较难记，有人编了一个情景故事：山顶上的庙宇中有个喜欢喝酒、下棋的和尚，山脚下的私塾一个也喜欢喝酒、下棋的老师，常常在给学生布置许多作业后，到庙里去与和尚喝酒闲谈或下棋。有学生用谐音字编词对此表示不满："山巅一寺一壶酒，尔（你）乐苦煞吾（我），把酒吃，酒杀你，杀不死……"其谐音是圆周率的前20位：3.1415926535897932384……我听了一下就把它记住了。不过学生不该诅咒老师。圆周率常用近似值3.14或3.1416，只要记两句（3.1415926535）即可。

小敏：有一副描写冬季山景的对联更有趣：

独览梅花扫腊雪；

细睨山势舞流溪。

上联急读如音符"do re mi fa so la si"，下联急读如数字"1234567"。它巧妙地把1到7七个阿拉伯数字本身和它作为乐谱音阶的两种读音，分别改用谐音汉字，组成一副谐音联。在一幅天然风景画对联中注入数学、音乐元素，做到有声有色、亦文亦理，使我这个不熟悉山景的平原城市学生，也能理解和很快记住。而且其中数字2在无锡方言中，正巧也读睨(nì，斜视)，读起来更加顺口。

老师：利用谐音字、编情景故事，是各类"速记"术的常用方法，它能提高受众的兴趣，调动他们的视、听、想等多个感官和多种知识储备，有利于加深理解和记忆。你们也可以"杜撰"一些只有你自己理解的"谐音字"来帮助记忆。如："韩赵魏楚燕齐"可记为我相信"汉朝会出严忌(严忌是西汉辞赋家，苏州人)"或我相信"汉朝会出燕齐"(燕齐是维吾尔语译音，意为"依附者"或"农奴")。

审题：还剩几只角？

老师：今天测一个你们小学里学过的"脑筋急转弯"问题："一张矩形纸片，你一剪刀剪掉一只角，还剩几只角？"

小明、小智、小敏分别很快回答：五只角、四只角和三只角，同时亮出有剪纸图案的底板：

老师：你们的答案都是对的(三人都面露微笑)。我再复测一次："一张矩形纸片，我一剪刀剪掉一只角，还剩几只角？"答案要与刚才不同。

小明、小智、小敏很快亮出底板，分别是四只角、三只角和五只角。

老师：你们的答案都是错误的！面对三个瞪大眼睛的学生，老师不慌不忙拿起剪刀剪出与三人对应的不同的纸片：

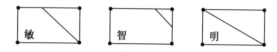

小明：老师，您剪的固然对，可我们剪的也不错呀。

老师：题目中说的是"我"而不是说"你"。所以只有我剪的才是正确答案。这个问题的答案是不肯定的，因为你不知道我会怎么剪，应当回答"可能剩下五只、四只或三只角"。如果我问"一张矩形纸片，剪掉一只角还剩几只角"，没有叫你剪，你们也应该这样回答，因为你们也不能肯定怎样剪。你们的缺点是没仔细审题，而是"想当然"。考试首先要仔细审题，弄清已知条件和求解内容，然后再考虑解法。下面我再把这个问题复测一次，请大家仔细听，想好了再回答："一张矩形纸片，如果一剪刀只剪去一只角，它还剩几只角？"

小明、小智（不约而同）：有剩下五只角、四只角和三只角三种可能。

小敏（想了一下）：不对，只能剩下五只角（老师点头表示赞许）。

小明、小智：为什么？！老师不是刚才讲过……

小敏：老师的题目是矩形纸片"只剪去一只角"，那只能"剩下"一个五角形。

如果要剩下一个四角形或三角形,那是在矩形纸片上剪掉一个 D 角的同时,还要将 C 角或 C 角与 A 角剪掉一部分,这违反了"只剪去一只角"的答题要求。

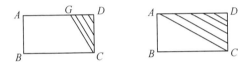

小明、小智(恍然大悟):咳,我们还是犯了"审题不细"的老毛病,没有注意那个"只"字!

从古代笑话中反思学习方法

小明:古代有个笑话:北宋沈子荣熟背了两百个案例的判决书,去参加吏部的考试,试题是写一篇关于水碓(duì,舂谷设备)的判决书,他交了白卷。别人问他为什么没写,他说:"我背的水碓判决书地点在蓝田,今天考的是富平,叫我如何下笔?"(明·冯梦龙《古今谭概》)。我查过地图,蓝田和富平两地相距甚远,"题不对地",难怪他"无从下笔"。

小智:有个"觅凳腿"的笑话:旧社会农村的木凳,不少是用现成的树丫杈作凳脚。某家一张坐凳断了一只凳脚,父亲叫儿子到山里去砍一根丫杈树枝来换上,儿子拿着斧头上山,到晚上两手空空回来,父亲责问时他回答:"山上的树丫杈不少,但都是朝上生的,没有朝下生的,砍回来没有用,所以我没砍。"(清·游戏主人《笑林广记》)。

小敏:还有一个"合理"推理的笑话:某员外有两双鞋底厚薄不同的靴子,一次外出时穿的靴子一只底厚一只底薄,走路一脚高一脚低,很不舒服。他叫儿子回去拿靴子来换上,过了一会儿儿子空手回来,对他说:"不必换了,家里那两只靴底也是一只厚一只薄!"(清·小石道人《嘻笑录》)。

老师:三则笑话诙谐、滑稽、发人深省,请你们笑过之后对照反思一下,克服学习中类似的背标准答案、教条主义找答案和似是而非作推理等错误的学习方法。

"n 维世界"的思维

老师:维(维度)是几何学和空间理论的基本概念。根据欧几里得的数学空间概念,点组成线,线构成平面,平面形成空间,其中点是零维的,直线是一维的,平面是二维的,普通空间是三维的。我们生活的世界,是个上下、左右、前后都可双向无限延长的三个维度的立体空间,是个"三维世界"。

小智:还有只有两个维度的"两维世界"(或称"平面国")。古时有个批评办事没有灵活性和自作聪明两种人的《执长竿入城》的笑话:有个鲁人拿着一根长竿入城,竖着、横着都进不去,一个"见多识广"的老人,建议他把长竿在中间截断后才进了城门。这两个人就是按照"平面国"中正常思维的人:他们没有前后的概念,看到的城门只有左右和上下两个维度,长竿横、竖都进不去,才闹出截断长竿的笑话。

小敏:一般飞禽、走兽都知道我们的世界有"三维",能够捕捉地面或低空的猎物,可蚂蚁却是一种"两维世界"的动物:它们只有前后、左右而没有上下的概念,即使从地上爬到树上,也只觉得是一直向前,如果把它背上驮的食物悬在它的上方,它虽能闻到食物的气味,却感觉不到食物的存在,以为是凭空消失了。两个鲁人可说是习惯于"两维世界"思维的"蚁族"人!

小明:有些"死脑筋"的人,看问题一条道走到黑,一再碰壁也不肯改,他们可说是习惯在"一维世界(或直线国)"里生活和思维的人。

老师:在物理学上有一个由三维空间和一个也能前后双向移动的时间维度组成的"四维空间"("四度空间"或"四度时空")的概念,它在中国古代叫"宇宙"("四方上下曰宇,古往今来曰宙"),是天地万物的总称。"四维空间"里有更多人类不知道、不理解的东西,如有人猜想可能有着更高文明的"外星人"生活在"四度时空"之中,他们可能到过地球,甚至就在我们身边,躲在我们觉察不到的过去的时空之中;还有人设想通过所谓"时空隧道"重现过去时空的场景,这些都有待于人类去探索——证实或否定。

小敏:那些常在科幻小说、做梦和影视作品"倒叙"中出现的"过去时空"的场景,可能就是作家、梦人和导演,按照时间能倒流的"四度时空"中人思维产生的结果。

益智篇

ZOUJIN SHENTONG DE SIWEISHIJIE

一字之改值千金

("一字千金"之二)

老师：成语"一字千金"是用来称赞诗文或书法精美绝妙、价值极高的形容词。著名诗、文中画龙点睛的字、词、句，都是"一字千金"，特别是因改动而使原文（诗）增色的字，更是"一字之改值千金"！

例如，唐朝诗人郑谷建议诗僧齐己将他写的《早梅》诗"万木冻欲折，孤根暖独回。前村深雪里，昨夜数枝开"中的"数"字改为"一"字（"数枝非早也，未若一枝"），齐己下拜，时人称郑谷为"一字之师"。

小智：文坛"一字之改值千金"的事例很多，清朝两江总督沈葆桢年轻时写的《咏月》诗中有"一钩已足明天下，何必清晖满十分"。他的岳父林则徐看了提笔把"必"字改为"况"字，对他说："'必'字自满情绪严重，'况'字才显得壮志凌云。"毛泽东主席曾接受诗人臧克家的建议,将《沁园春·雪》词中的"原驰腊象"改用原驰"蜡象"与山舞"银蛇"照应;他还接受罗元贞教授的建议,将《七律·长征》诗中"金沙浪拍云崖暖"中的"浪"改为"水",避免与上联"五岭逶迤腾细浪"中的"浪"字重复。

小敏:"一字师"不一定是诗文大家,人民教育家陶行知在晓庄师范被封闭后,支持农民在古庙中建立由10名大孩子当小先生的"儿童自动学校",他写了新诗:"一个学校真奇怪,大孩自动教小孩。七十二行皆先生,先生不在学如在。"有个小孩提出:"大孩自动教小孩,难道小孩没有教大孩?小孩也能教人呀!"陶行知高兴地说:"有道理。"他在发表这首诗时改为"小孩自动教小孩",对别人说这个小孩是他的"一字之师"。

小明:中国共产党"十八大"报告中,把过去提的"全面建设小康社会",改成2020年"全面建成小康社会",把城乡社会保障体系建设由"广覆盖"改为"全覆盖",受到全国人民的欢迎。这个"成"字和"全"字是"一字之改超千金"的汉字。

一张白纸可能是……

课堂上老师拿着一张白纸问:"它是一幅什么字画?"

小明:是秘密工作者用来传递情报的密写文件或图画,用隐形溶液写或画在白纸上,要用光、热、蒸汽或化学药品等作用于其上才能使它显现出文字或画面的真实含意,只有参与该项秘密活动的人才能理解(或高明专家才能破译)。

小智:是一幅题为"牧牛图"的抽象画:草吃光,牛走掉,剩下一片白地!这是说的笑话。它其实是一幅古诗词的意境画,画的是李白诗《独坐敬亭山》的首句:"众鸟高飞尽";也可能是曹雪芹《红楼梦》第五回中的《飞鸟各投林》词中的最后两句:"好一似食尽鸟投林,落了片白茫茫大地真干净!"

小敏:是神话小说中"无字天书"里的一页。这也是说的笑话,它可能是唐代大周皇帝武则天乾陵墓碑碑文拓片的复印件——那是一块"无字碑"!

老师:白纸上的文字或图画,你们讲了"似无实有""时无曾有""是无未有"三种可能,这种能普遍联想的发散性思维很好,爱因斯坦说过:"想象力比知识更重要。"想象力丰富和理解力强的最高境界,是能"在无字处读华章"、"于无声处听惊雷"!这里补充一点,一张白纸,还可能是一张录入了电磁信息的白色"纳米磁性纸",它可以在特制的录音机上录音和播放(也是"似无实有"),这比小明说的"密写"技术更高明、更难破解。我的问题可改成:"这张白纸上是什么字、画、音?"

小敏:刚才我们讨论的三种可能情况都不对,它其实就是一张普通的白纸,是老师用来启发我们思维的(他大步走上讲台,用钢笔在白纸上写了"教具"两个大字,举起来给大家看),它是一个最节约、最高级和最有创意的教具!它是这张白纸的第四种("原无现有")可能,"教具"才是对老师提问的正确答案。

为什么把物品叫"东西"?

老师:小明,把桌上的东西挪开。

小明(一面整理物品):为什么把物品叫"东西"而不叫"南北"?

小智:中国古代思想家认为,金、木、水、火、土这五种物质(叫"五行"),是构成万物的基本元素,用来说明世界万物的来源和多样性的统一(其实世界上包括"五行"在内的所有物质,都是由碳、氢、氧、氮、铁等已知的112种化学元素组成的)。后来人们把"五行"与"五向"(西东北南中)以及"五脏"(肺肝肾心脾)、"五色"(白青黑红黄)等构成一一对应关系。如说东方属木,南方属火,西方属金,北方属水,中央属土。我们所说的"物品",都是由固体材料制成的,在古代最多的是木制品,最坚固的是金属制品……

小敏:我知道了,因此古人用"五向"中与木、金相对应的"东""西"合起来,代指用木材和金属制成的物品,并进而代指世界上一切物品。

小明：我也知道了，因为用火和水做不成成型的固体物品（冰雕器物不是水的常态），所以物品不能称为与火、水相对应的"南北"！

老师：用"五行"解释"东西"的，还有提着篮子说去"买东西"的宋朝学者盛温如，他在回答朱熹"为什么不说'买南北'"时说："凡金类、木类的，我这个篮子就装得；水类、火类我这个篮子咋装得？所以只能买东西，不能买南北。"明末大学士周廷儒在回答崇祯皇帝"为什么集市交易只说买东西，不说买南北"的问话时说："南方属火，北方属水，晚上敲门向人要口水喝或借个火用，没有谁会不给他的，因为这是不需要用钱来交易的。和东、西所对应的木、金及其制品是用于买卖的，所以人们只说买东西。"

关于把"物品"说成"东西"还有一种解释：汉朝、唐朝时的东京洛阳和西京长安商业繁华，人们去购物（或指到长安的两大市场东市、西市去购物），简称"买东""买西"，后来合成"买东西"。这个解释在洛阳、长安所在的中原地区是合情合理的，但中国幅员辽阔，古代讯息闭塞，"东西"代指物品能在全国通用，"五行"一说的作用可能更大些。

文字重组出新意

小明:我听说有个笑话:古时有个大书法家,不肯给一个愿出高额"润笔"的商人题词,那个商人偷偷地把他写了贴在墙角处的一幅"不可随处小便"的告示揭下,将文字重组后印成"小处不可随便"的条幅,大量出售牟利,使一句并不文雅的日常用语,变成一句高尚的格言,说明文字重组能出新意。

小智:我知道有一件真事:儒学大师曾国藩率领的湘军,开始曾多次被太平军打败,他曾想跳长江自尽,被下属劝止后,把给皇帝的奏折中"臣屡战屡败"改为"屡败屡战",把一个灰心丧气的败军之将,改写成虽败不馁、不屈不挠的勇士,受到清朝皇帝的赏识和重用。曾国藩通过调换两个字的位置,就得到截然相反的效果,是"文字重组出新意"的又一典型例证。

小敏:重组文字出新意的例子很多,如"吃好"是个中性词,"好吃"是个褒义词(味道好)或贬义词(贪吃);"会学"比"学会"更重要;社会主义建设"又快又好"改为"又好又快"是更好的发展方式;通过三个人的外号"不怕辣""辣不怕""怕不辣"能分出他们嗜辣的不同程度;陶行知批评有些教师(学生)"教(读)死书""死教(读)书""教(读)书死";陈毅在成都杜甫草堂题词"诗人千古,千古诗人";等等。

老师:我们写文章用的字、词、句等"原材料",大部分是现成的,只要平时对此有丰富的积累,加上有恰当的主题、巧妙的构思以及"识材选材"和"重组文字"的能力,就能写出好文章,在一定意义上也可说好文章是"文字重组"的产物。推而广之,一台新型机器或仪器的零部件、一座好建筑分解开来的组装件,除少量保密的核心技术外,也基本上都是已有的,只要通过学习、思考和实践,有好的创意和有自主知识产权的核心技术,加上有选材的目光和"组装"的能力,就能够造出更先进的"独创"的机器、仪器、建筑和其他新产品。"推陈出新",是"创造""创新"的基本途径。

一字三义"度量衡"

小智:"度量衡"是指分别测量或评估一些事物的长短(度)、多少(量)和轻重(衡)的过程、标准或结果(秦始皇"统一度量衡"就是统一它们的标准),它们是三个内涵不同的概念。

小明:我发现有个由"千""里"两字组成的"重"字,它的词性很特别:"儿行千里母担忧""千里之行,始于足下","千里"是长、远的意思,按"会意","重"字应当是表示长短的"度",可它的本义却是表示轻重的"衡",这是"一字两义度兼衡"。

小敏:还有"关山千万重""心事重重""重婚"和"山重水复疑无路,柳暗花明又一村"中的"重"字,既不表示长短,也不表示轻重,而是表示"多"的意思,是表示事物多少的"量"词,所以"重"字是"一字三义度量衡"!

老师:"重"字的本义是"衡",会意是"度",转义是"量",是个"一身三任"的"重要"汉字,大家对它要十分"重(增、益)视"。

"马龙"为何变成"龙马"?

老师:中国乒乓球国手马龙,有时到国外打球,为什么球场指示牌上用英文打出的却成了"龙马"(L·M)?

小明:这是中、外姓名的写法不同。中国人是姓写在前面,名字写在后面,欧美人的习惯是把名字写在姓的前面(如有教名则写在世俗名字的前面)。如约翰·福斯特·杜勒斯,"约翰"是教名,"福斯特"是本名,"杜勒斯"是姓。所以中国人"马龙"到国外用英文写就成了"龙马"!

小智:是由于译法不同。用英文翻译中文有两种译法,一种是直译,也叫音译(按读音翻译),像无锡,英文就按中文读音译成Wuxi(W·X);另一种是意译(按中文的原意翻译),"马龙"的中文意思是"马中之龙",赛场上打的"龙马"是英文对"马龙"的意译。

小敏:不对,龙在中国是神兽,"龙马"(马中之龙)是指骏马、宝马、神马。可龙在西方神话和基督教《圣经》故事(说大红龙是魔鬼撒旦的化身）中，龙是贪婪、狡诈、残暴的形象。"马中之龙"是指"劣马""害群之马"，不可能用来代指世界乒坛明星马龙！所以英文"龙马"不是中文马龙的意译。

老师：英语把马龙写成"龙马"还可能是由中文写法和读法改变而造成的。中文原来读和写都是从上到下、从右到左，民国时代才逐步改成现在自左至右的横写和横读。"马龙"照过去的写法是"龙马"，读法是"马龙"。西方人是沿用他们过去学到的中文写法和读法，才把"马龙"写成"龙马"，用的是音译，读起来仍是"马龙"。马龙在国外变成"龙马"，小明讲的原因是对的。小智和小敏讲的是有道理的猜想和分析，我讲的是趣谈，都是错误的。

三少年"辩日"

老师：初一语文中"两小儿辩日"的故事，说世界上最聪明的孔子，在东游路上听到两小孩在辩论太阳离人的远近。甲小孩说："早晨的太阳有车盖那么大，中午却只有盘子那么大，这是看同一种东西'远小近大'的缘故，所以太阳早晨离人近而中午离人远。"乙小孩说："早晨我们感到凉飕飕的，中午却像把手伸进热水里，这是人离热源'近热远凉'的缘故，所以太阳中午离人近而早晨离人远。"他们请孔子评判，孔子不能判定谁对谁错，两小孩笑着说："谁说你见多识广呢？"现在请你们来评判，看谁比孔子更聪明！

小明：我认为甲小孩说的正确，还有一点可以证明：早晨太阳在跃出地平线后，一会儿就穿过树木爬上屋顶，在中午它却"停"在头顶上几乎不动，这是看运动中的物体"近快远慢"的缘故，所以太阳离人是早晨近而中午远！

小敏：看太阳形体"晨大午小"和移动"晨快午慢"，是由于早晨看太阳有地平线、树木和房屋等参照物,中午的太阳孤零零地挂在浩瀚的天空中,周围没有参照物作对比造成的"庞佐错觉",不是太阳"晨近午远"的缘故。我认为乙小孩说的正确,还有一点可以证明:太阳发出的白光含有红、橙、黄、绿、青、蓝、紫七色光,其中红色的光波最长,能传得最远,早晨的"一轮红日"变成中午的"一张白盘",说明太阳离人"晨远而午近"!

小智:人产生"晨凉午热"的感觉,是由于早晨时地面刚从背太阳的一面转过来,地表和空气的温度很低,经过太阳半天的烤灼,才在中午使人感到酷热。由于地球有厚厚的大气层,中午太阳垂直射入大气层,到地面的距离较短,七色光都能透过空气到达地面,所以人看到的仍是白色;早晨(和傍晚)太阳光斜射入大气层,到地面的距离较长,波长短的光被空气散射掉的多,波长长的红、橙光被散射掉的少,所以早晨和傍晚看到的太阳是"红日"。温度"晨凉午热"和太阳"晨红午白"都不能证明太阳"晨远午近"!

老师:地球是围绕太阳公转又自转的行星,距离太阳约1.5亿(14959.787万)千米;地球直径平均只有6370千米,太阳直径有139万千米,体积是地球的130万倍,白天朝太阳的半个地球受到长、短之差小于地球半径的平行的日光线照射。地球人从早晨到中午,随地球自转转过所在地纬度地球截面圆周长的1/4,与太阳的距离变化很小,半天中由地球公转引起的日、地距离变化也很小,由两者引起人、日距离很小的变化,与日、地距离 1.5 亿公里相比,可以略而不计。如果两辩日小孩请你们评判,你们可以大胆地说:太阳和人的距离,在早晨和中午一样远!

附图:"庞佐(意大利心理学家)错觉"

下图中由于环境的干扰,两条相等的粗线看起来上面一条长一些。

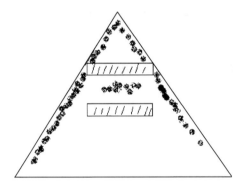

和谐对称的"回文"

小明：数学课上讲过"对称图形"，我发现有不少汉字是对称"图形"，像一、二、三、日、目、品、喆、黄、兰等是轴对称结构，一、口、田等既是轴对称又是中心对称结构，看起来和谐、悦目。

小智：还有和谐、对称的汉文。有一种叫作"回文（或回环）"的辞格，同一语句顺读回读都相同。像"上海自来水来自海上"这个回文句，就是一个以"水"字为对称中心的中心对称结构，也是以在水字处所作垂线为对称轴的轴对称结构；"我为人人，人人为我"的结构也类似。还有一种"回文联"，也是顺读回读都一样，如"人过大佛寺；寺佛大过人"和"客上天然居；居然天上客"，也是轴对称兼中心对称结构。

小敏：在英文中也有对称结构的字，如 mum（妈妈）、dad（爸爸）、rotator（旋转器、旋转反射炉）和 radar（雷达）、deed（行为）和 noon（中午）等，都是中心对称或轴对称结构。

也有对称结构的回文句，如"我看到的是酒吧还是蝙蝠"：

"Was it a bar or a bat I saw";有人称赞美国前总统理查德·尼克松思维敏捷,说他"头脑中不存在未知数":"No x in Nixon",都是和谐对称的回文句。不过与汉字是一个个方块字不同,英文字是由字母拼起来的,从一个个字母看正读回读一样,以词为单位回读,读音和意义与原文不同,只能说是形式上的回文。

* 请把回文联中空缺的字补上:

雾锁山头山锁____;天连____尾水_____。

张冠李戴，李冠张戴

小智：中国古人创造汉字的六种条例（"六书"）中的"会意"，是指利用已有的字，依据事理加以组合，表示一个新的意义的造字方法，但在实践中有时会出现张冠李戴的情况。例如矮字和射字："矮"是由"矢""委"两字组合而成的，"矢"是箭，"委"是曲、屈的意思，箭旁放的"曲"状物是一张弓，由箭和弓组合成的"矮"字，按"会意"应该表示射箭的"射"，现在却说它是矮小的"矮"；而"射"字是由"寸""身"两字组成的，其含意明明是"个子很矮"的意思，现在却说它是射箭的"射"，矮字射意，射字矮意，全搞反了。

小明：另有"鳳"字和"鸭"字，几字里面加上一点是个"凡"字，如果这一点是一只鸟，就变成"鳳"凰的"鳳"字。鳳凰是鸟中排在第一位的"神鸟"，古人造字时却把它说成是凡鸟；在农村极为普通的鸭子的"鸭"字，是由"甲""鸟"两字组成的，说它是第一等（甲等）的鸟，岂非笑话？"凡鸟鳳"和"甲鸟鸭"完全搞反了,这是"鳳冠鴨戴,鴨冠鳳戴"!

小敏:还有"裙"字和"袍"字。"裙"由"君""衣"两字合成,意思是"君皇"穿的极高贵的衣服,俗称"龙袍";而"袍"字是指包在身上的衣服,古人原来是在身上披或围一张兽皮,后来改用麻布和棉布,叫作"裙"。直到魏晋,男人女人都穿裙子,"裙"是很普通的服装。显然"裙"和"袍"两个字的"会意"搞反了,是"君衣民穿,民衣君穿"。

老师:这些错误是如何造成的已无从查证,大家已经习惯,不必再去"平反"。

活用常识巧解数学题

老师：无锡《江南晚报》登载了一个让许多家长挠头的小学数学题："用26m长的篱笆和一面墙，可以围成最大多少平方米的长方形养鸡场？"不用代数，你们会不会解？

小明：这类题我小学时用"画图和列表"法解过：假设利用的墙长为1m、2m……25m，分别求出墙的邻边长度和长方形的面积填入下表：

利用墙壁长度(m)	1	2	3	……	11	12	13	14	15	……	24	25
墙壁的邻边长(m)	12.5	12	11.5	……	7.5	7	6.5	6	5.5	……	1	0.5
养鸡场面积(m^2)	12.5	24	34.5	……	82.5	84	84.5	84	82.5	……	24	12.5

从表中可以看出，当所用墙长13m时，养鸡场的面积84.5m^2为最大。

小智：你这解法计算、填表太烦琐，要到墙长15m时才能看出规律，判定利用墙长13m时的养鸡场面积为最大，既费时又容易出错。我有一个简单解法:设长方形鸡场的边长为 am、bm,则 $a+2b=26$(m)。长方形的面积为 $S=a \cdot b$(m^2) $=\dfrac{1}{2}(a \cdot 2b)$(m^2)。根据老师讲过的常识,将一个数分解为两数之和,这两数的乘积在它们相等时最大(如 $a+b=10$,则 $a \cdot b=5 \times 5=25 > 4 \times 6 > 3 \times 7 > 2 \times 8 > 1 \times 9$)。现在 $a+2b=26$ 是个定数,只有在 $a=2b=13$,$b=13 \div 2=6.5$ 时,积 $a \cdot 2b$ 为最大,此时养鸡场的面积 $S=13 \times 6.5=84.5$(m^2)也最大。

小敏:大家知道,一根长度一定的绳子围成的矩形,面积以正方形为最大。我们可以设想:在墙的两边各用 26m 长的篱笆相对围成两个同样的长方形养鸡场,形成一个周长为 52m 的大长方形,其面积以边长为 52m$\div 4=13$m 时的正方形为最大,此时占地是大正方形一半的养鸡场面积 $(13 \times 13) \div 2=84.5$(m^2)也最大。

老师:小敏和小智灵活运用常识解数学题很好,小敏解法中还可找到同类问题的解题通式:用总长 lm 的篱笆和一面墙围成长方形场地,以有 $\dfrac{l}{2} \times \dfrac{l}{2} \div 2 = \dfrac{l^2}{8}$(m^2)为最大。如用 10m 长的篱笆,可利用 5m 墙成 $\dfrac{10^2}{8}=12.5$m^2 的长方形场地。

请同学们做以下两个练习题:(1)对上述问题有同学这样计算:把篱笆三等分,再利用墙壁围成一个面积为 75.1m^2 的养鸡场。请问他错在哪里?(2)如果不限形状,用 26m 长的篱笆和一面墙,可以围成最大的养鸡场有多大?

箍和球的"间隙"有多大?

老师:新世纪版《十万个为什么》中有个趣题:假定有人在为地球和一个小足球各打一个刚好紧紧地套住它们腰的"箍"时,不小心把两个箍的周长都打长 1 米,分别把它们套到两个"球"上时,箍和球的"间隙"哪个大?

许多同学会想:对周长 40026 千米的地球箍增加微不足道的 1 米,对它几乎没有影响,可对于圆周长不足 1 米的足球,加长 1 米后做成的圆箍,肯定比它大得多,因此会立即回答:"当然是足球上的间隙大!"可正确的答案是"两个间隙一样大"!证明:

假定地球、足球的周长分别是 L 和 l,各增加 1 米后,做成两个圆箍的直径分别是 $\frac{L+1}{\pi}$ 和 $\frac{l+1}{\pi}$,"箍的直径和球的直径之差就是间隙",它们分别是:

地球: $\frac{L+1}{\pi} - \frac{L}{\pi} = \frac{L+1-L}{\pi} = \frac{1}{\pi}(m) = 31.83 cm;$

足球：$\dfrac{L+1}{\pi} - \dfrac{L}{\pi} = \dfrac{L+1-L}{\pi} = \dfrac{1}{\pi}$(m) = 31.83cm。

两者完全一样！对此你们有什么看法？

小智：我认为书上"箍的直径和球的直径之差就是间隙"的结论不妥。题中的"间隙"，在同一个箍和球之间，应该像附图一中两个同心圆之间的那个环一样处处相等，它的大小等于箍、球两个圆周的"半径差"AB；箍、球的"直径差" = $AB + A'B' = 2AB$，是它们"间隙"的两倍！所以正确答案应该是$\dfrac{1}{\pi} \times \dfrac{1}{2} = 31.83\text{cm} \times \dfrac{1}{2} = 15.915\text{cm}$。

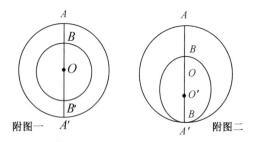

附图一　　　　　附图二

小敏：球放在箍中不同的位置，会使它们之间产生不同大小的间隙。在附图二中，当箍、球两个圆周相切时，它们之间的间隙从最小的$A'B' = 0$，到最大的两圆的直径差$AB = AA' - BB' = 31.83\text{cm}$，平均值为两圆的半径差15.915cm。我认为本题的答案是：如果两球放在箍中同样的位置，箍、球间的间隙就（在对应位置都）一样大。

小明：我原来认为地球和它的"箍"会几乎贴在一起，中间的小缝隙连一只小蚂蚁也爬不过去。谁知它们之间的间隙竟平均有 15.915cm,不仅蚂蚁、蛇、小鸡、老鼠等小动物可以顺利通过,就连小学生也能赤膊爬过去。回答问题不能想当然、凭直觉,一定要先经过周密思考或精确计算。

与你生日有关的"神秘数9"

老师：请准备纸和笔，我们来做算术计算的游戏：第一步，接连写出你们出生的年、月、日，得到一个多位数，如马克思生于公元1883年3月14日，多位数是1883314。

第二步：把这个数的数位打乱，任意重组得到一个新数，如把马克思生日数改为3141883。

第三步：用大数减去小数得到一个差数，马克思的差数是 3141883 – 1883314 = 1258569。

第四步：把差数各位的数字相加，得到一个和数，马克思的和数是 1 + 2 + 5 + 8 + 5 + 6 + 9 = 36。

第五步：如果和数是两位数，就把两个数字再相加得到最后的一位数，马克思最后的得数是 3 + 6 = 9。你们最后得到的一位数是几？

你们最后得数都是9，如果你们在第二步重新组合成另一个新数，或用其他人的生日进行计算，运算结果最后都是神秘的

"9"!

小明:我用 1921.7.1 中国共产党的生日和 1949.10.1 中华人民共和国的生日计算的最后结果也都是神秘的"9"!

小智:我今年 14 岁、堂弟 10 岁、爸爸 42 岁,按这个规则计算:14→41→41-14=27→2+7=9;10→01(=1)→10-1=9;42→24→42-24=18→1+8=9。最后都是神秘数"9",说明 9 与各人的年龄也有关。

小敏:不一定,如果你爸爸是 44 岁,堂弟 8 岁(或其他只用一个数字构成的自然数),第二步数字重组的"新数"仍是 44 和 8,第三步的差数为 0,最后得数不可能是 9!同理,出生于公元元年(或 11 年、111 年、1111 年)元旦和 1 月 11 日、11 月 1 日、11 月 11 日,或公元 2 年 2 月 2 日、2 月 22 日、55 年 5 月 5 日、777 年 7 月 7 日……(我找到 43 个)的人,生日也与神秘数 9 没有关系!请问出现神秘数 9 的条件和范围是什么?

老师:我经过多次计算验证,发现只要不是由同一个数字构成的自然数(不限于与你生日有关的 7 位数或 6 位数),按上述步骤计算,最后结果都是神秘数"9"。

跑远路比抄近路省时间

小明：中国宫殿、庙宇等古典建筑的屋面，为了庄严、美观，常常不铺成平面而将中间下凹成曲面，既浪费建材、增加建筑难度，又延长了雨水从屋脊流到屋沿下落的时间，既不合算又不合用。

小敏："延长雨水下落时间"不一定。古代欧洲曾有个类似的问题（见附图）：要让一个金属球能在最短时间内沿着连接 A、B 两点的磨光金属槽从 A 滚到 B，金属槽应做成什么形状？按常理钢球应当沿着距离最短的直线段 AB 滚动，可问题是求"最短时间"，钢球下落的时间与下落的距离和速度都有关系。如果把金属槽的中部向下弯曲，从 A 点开始的部分比直槽更陡，钢球落下时能获得更大的速度，会更快滚落到 B 点；但若把槽的上半部做得太陡，弧线的后半部就会平坦而使金属球滚得很慢，滚到 B 点所用时间不一定最短。意大利物理学家伽利略认为金属槽应当做成圆弧形(附图中的曲线 Aa_2B)。

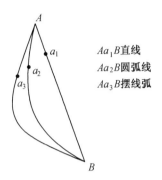

Aa_1B直线
Aa_2B圆弧线
Aa_3B摆线弧

小智:50 年后,瑞士数学家约翰·贝努利和牛顿、莱布尼兹等人用精确的计算证明,上述金属槽应当弯曲成倒放的摆线(当一个圆在定直线上滚动而不是滑动时,这圆周上一个定点所描出的图形就是摆线,又叫"旋轮线")弧,即附图中的曲线 Aa_3B。摆线因此获得"最佳降落线"的名称*。所以中国古典建筑屋面采用下凹弧形并非完全为了美观,也可能"隐含"科学道理。由于当时的主要目的不是使雨水更快下落,所以屋面的凹度比伽利略的圆弧和贝努利的摆线都小。

*这一问题的解决,为后来产生变分法奠定了基础。

水往高处流

小智：俗话说"人往高处走，水往低处流"，可世界上不但有自愿往低处走的人，而且有自动往高处流的"水"……

小明（插话）：公园里的喷泉就是。

小智：那是靠水泵的压力"压"上去的，不是自动"流"上去的。有一次我在雨中乘轿车在公路上高速行驶时，发现驾驶室前面后仰的玻璃窗上被刮水器刮向两边的雨水，不是向下而是沿着车窗边框慢慢地往上流动，这是名副其实的"水往高处流"。

小敏：汽车前进时，四周的空气会相对往后流动，形成反向作用力（大小跟速度的平方成正比），驾驶室前面后仰的玻璃窗，把迎面来的气流分解为向上、向后两个分力，因重力作用沿车窗边斜面下落的雨水则被分解为向前、向下两个分力，当车速快到气流的向上分力大于雨水的向下分力时，雨水就会贴着玻璃窗框向上流动，出现你看到的反常奇观。这些雨水是被迎面气流"压"上去的。总之，没有外力作用，水不会自动往上流。

小明：有个实验：两个口径相同的透明玻璃杯，一个加满热水后滴进几滴蓝墨水，另一个加满冷水，用塑料卡片盖上按住后翻过来倒扣在热水杯上，使杯口对齐后轻轻抽出卡片，此时，没有外力作用，下面杯中浅蓝色的热水会"自动"往高处的冷水杯中流！

小智：这是因为水在常温下会热胀冷缩，受热后体积膨胀，密度变小，相同体积的热水要比冷水轻，所以混合后热水会"自动"向上浮升，冷水会"自动"下沉，这是和热空气上升冷空气下降一样的自然现象。表面上这是由热水的内力（浮力）引起的，其实是由使冷水变为热水的外加的温度这个"外力"引起的。

老师：在自然界也有水"自动"向上流的反常现象。在新疆克孜勒苏自治州的戈壁滩上有个"高泉"奇景：有三股泉水向小山包的高处流动，周围形成一个树木花草茂盛的小绿洲，地质学家分析，这是由于戈壁地下深处基岩断裂，在周围高地压力下，地下水便沿裂缝"自动"向上喷涌。

在我国的陕西、台湾、辽宁和美国、乌拉圭、韩国等都发现"车往坡上滑""水往高处流"的怪坡，它们可能与地下的地质构造和特殊矿藏有关，是现在地理、地质学家还无法解释的自然之谜。

物理改错题

小明：物理兴趣小组的测验题中，有三道判断改错题：1. 人在高速行驶的火车车厢里向上跳，会落在略为往后的地方。2. 在山里，汽车沿着弯弯曲曲的盘山公路前进，是利用延长公路长度来减小坡度，达到行车省力、省油的目的。3. 伽利略在比萨斜塔的实验证明：空中同高、同时自由下落的物体的加速度是相同的（不计空气阻力），与下落物体的质量无关，所以同时落地。

我认为第一题是错的，根据牛顿第一（惯性）定律，车厢里的乘客跳起来后，仍和车厢以同样速度一道前进，因此他们会落在原地。第二题不错，延长公路的长度以减小坡度，的确能使行车省力省油。第三题也正确，不用改。

小敏：第二题，盘山公路延长路面减小坡度，可以克服陡坡上山爬坡困难和避免下山溜车危险，主要是为了行车安全，同时可以省力，使一些牵引力稍小的汽车也能通行。但由于延长了路程,所以汽车总的做功、用力、用油并不省。

小智:对于第三题原答案也有不同意见,长春出版社出版译自美国的《痴迷物理》(中学生身边的物理谜题)最后一题指出,由于地球和下落物体互相吸引,"在地球上同时向下落的物体向地球中心的加速度,是物体和地球的加速度的总和。这种作用随着物体的质量而增加。数学表达式为:$mr_1 = Mr_2$ 或 $(m+M)r_1 = M(r_1+r_2)$,可以转化为:$a_{m-M} = a_{cm}(1+m/M)$,式中 a_{m-M} 是与地球中心相关的物体的加速度。""因此,亚里士多德大概是正确的,较重的物体有时要比较轻的物体加速得快。"

老师:由于一般落体的质量与地球相比都极小,与地球相互引力和之差也极小;同时运动物体的加速度因受引力增大而成正比例增大,又因自身质量增大而成反比例减小,因此由两落体质量大小引起的加速度之差小得可以忽略不计。所以在讲"空中同高的自由下落的物体的加速度相同,与下落物体的质量无关"时,应指出可"不计空气阻力"和"不计由落体质量不同引起加速度的差异"。但如果一根羽毛、一块小石子和一个大铁球,在地磁异常地区同时同高自由下落,就会先后落地,不能说两个"不计"!

另外,小明第一题的答案不全面,应当加"乘客跳起来后,如果火车加速(或减速)前进,他就会落在比原地略后(或略前)处"。

水与火的"相克、相容与相生"

小明:因为水能灭火,火能烤干水,它们互为"克星",所以自古有"水火不相容"的说法。其实在一定条件下,水和火也可以和平共处——"相容":一些能作燃料的碳水化合物就同时隐藏着水和火;在海水中有制造核弹原料的氘和氚(是氢的同位素),它们是暗藏在水中的"火"。

小智:水和火不但能相容不相克,而且还能"相生":向煤炉中燃烧的煤上洒水,会使煤火更旺,发出蓝色的火苗;在压力巨大的大洋深处,有一种天然气水合物"可燃冰",可作燃料,这是名副其实的水("冰")能生火;约两千年前西汉《淮南万毕术》记载:"削冰令圆,举以向日,以艾承其影,则火生。"说用冰削成圆球状举起来对着太阳,将艾草编成的草绳放在镜下的阳光聚焦点("影")处,就能点燃艾草。这是水("冰")通过"冰透镜"利用太阳能间接生火(另外在冰块上放一小块电石,也能使冰燃烧,且越烧越旺,这是水借助电石间接生火)。

小敏:水能"生"火,火也能"生"水:有些山民或在深山中的探险者,在极度缺水时,可以采摘树叶等绿色植物,放在密闭的容器中用火加热,使它们体内包含的水分蒸发、冷凝成蒸馏水,这种"火生水"可解燃眉之急。

老师:请大家注意,水能生火,家中油锅燃烧时,千万别往锅中浇水,水会使锅中火苗飞溅出锅外,引燃其他可燃物引发火灾!

与众不同的"另类"金属

老师：金属是富有特殊光泽而不透明，具有导电性、导热性、延展性的物质。一般人认为，金属还有在常温下是固体、质地坚硬不易分割、熔点很高（"真金不怕火烧"）、比重大（放入水中会沉底）、热胀冷缩等特点，这些说法对不对？

小智：大体对，但也有与众不同的"另类"金属。譬如一般金属都是"刀枪不入"的，但被称为软金属的锂，用小刀就能把它切成小块，钠则"柔软如蜡"。一般金属的熔点很高（最高的钨熔点为 $3410℃±20℃$），但金属镓和钯的熔点分别只有 $29.8℃$ 和 $28℃$，握在手中人的体温就能把它们熔为液体。热胀冷缩是金属的通性，液态铋却偏要"冷胀热缩"。

小明：一般金属的比重比水的比重大，放入水中会下沉，但最轻的金属锂比重只有 $0.534(20℃)$，钠的比重也比水小，用塑料薄膜把锂和钠严密包好后它们都会浮在水面上。金属一般不怕水，可是金属锂遇水发生反应会放出大量热量，使释放出来的一部分氢气在空气中燃烧甚至发生爆炸。

小敏：最"另类"的金属要算汞：它是唯一在常温下是液体的特殊金属；它很不坚固，一根筷子就能把它"割开"，能随着不同的容器呈现不同的形状，它的熔点（从固体到液体）只有 $-38.87℃$，比冰还要低得多；它还刻意隐瞒自己的真实身份，不像别的金属那样用"金"作偏旁部首——公开表明自己是金属家族的成员，只有它的别名"水银"，才使别人知道它也属"金"。

＊本文是指金属元素，不包括合金制品。

动物的"拟态"

老师：某些动物在进化过程中形成的外表或色泽、斑纹等同其他生物或非生物相似的形态叫"拟态"。你们知道哪些动物的拟态？

小明：有一种叫虎天牛的昆虫，在大小、形态、色彩上像有尖利毒刺的胡蜂，它在空中悠游时，能吓退许多动物。它这个"虎（天牛）假胡（蜂）威"，是比"狐假虎威"更好的计谋，不需要真胡蜂跟在后面"保驾"就能通行无阻。类似的还有一种寄居蟹，用步足夹着能放射毒刺的海葵游走，使鱼儿等见了"退避三舍"，这是"蟹假葵毒"，和上述"虎天牛假蜂毒"如出一辙。

小智：有些动物会用与环境协调的办法伪装自己，像枯叶蝶（木叶蝶），因为它的样子酷似枯树叶，混在一堆枯叶中能骗过许多天敌。类似的还有像竹节的竹节虫、形状和颜色都和树枝一样的尺蠖等。眼珠蛙在背部两侧有两个与眼睛一样的花纹（假眼），可以吓唬敌人（以为已被发现）或使它攻击假眼以保护真眼。这是"以假乱真"自我保护法。

小敏：你们讲的是弱小动物为保护自己而采取的"拟态"。还有为了诱捕猎物而"拟态"的动物。如海中**鮟鱇**鱼在靠头部一根"钓竿"前端不时发出闪光引诱小鱼的同时，它那长成海藻样子的背鳍，只要轻轻晃动就成为"鱼饵"，吸引那些想享受海藻美餐的小鱼上门，成为它不必费力搜寻、追捕就到手的"盘中餐"。

最"聪明"的是弱小的食肉动物红狐，它们会假装打架吸引野兔来看热闹，趁其不备时扑上去抓为美餐。它们的"拟态"从模仿原有环境进到创造场景，是靠智力和谋略取胜的更高级的拟态。

老师：动物"拟态"并不是有意识的伪装，而是在自然界长期进化中形成的特殊行为。实行拟态行为的多是较为弱小的动物，它们对人类也能提供启示和有一定的借鉴作用。

前途无量的仿生学

老师：仿生学是研究在工程科学发展中向生物寻找启发和进行模拟的、生物学与技术科学之间的边缘科学。你们知道有哪些实例？

小明：19世纪初意大利物理学家伏特，从电鳐、电鲶、电鳗能产生高压电得到启发，以电鱼的发电器官为模型，设计出最早的伏打电池；科学家从萤火虫能将化学能转化为光能发射冷光得到启发，造出荧光灯（俗称日光灯）代替浪费热能、刺激人眼、产生磁场的白炽灯；人们学习壁虎靠脚底上的一条"沟"作吸盘，加上脚趾表皮上纤毛的摩擦力，能在玻璃窗上爬上爬下的绝招，用橡胶做成能吸住玻璃的大吸盘，使搬运和安装玻璃等光滑物体既方便又安全。

小智：近代仿生科技含量更高。水母耳朵共振室里小小的听石，能感受海浪与空气摩擦产生的次声波，通过神经感受器能侦知风暴的来临。仿生学家照水母耳朵结构和功能设计的"水母耳风暴预测仪"能提前15小时预报海上风暴的强度;科学家根据蝙蝠靠耳中"超声波定位器"确定障碍物的方位、距离的原理,仿制了供盲人用的"指路仪"和"超声眼镜";军事科学家还想根据热带食鱼蝠用发射超声波寻找和捕食水中鱼儿的办法,仿制能从飞机上发现海中潜艇的雷达。

小敏:科技工作者向能最有效利用材料和空间的蜜蜂学习,造出了能隔音隔热的"蜂窝式夹层"和改进航空发动机进气口的设计;海豚靠流线型的体型和特殊结构的皮肤(在软海绵状表皮和致密结实的真皮之间,充满稠脂肪的胶原纤维和弹力纤维,能减弱体表水流的震动,防止湍流的发生),因而每小时能游70千米。法国火箭专家克拉默尔用橡胶制出人造豚皮套在鱼雷和潜水艇上,减少了一半阻力,大大提高了航速,科学家还想把人造豚皮用在飞机上以提高飞行速度。仿生学家也向植物学习,如罗马尼亚的一种琉璃草叶子发出的气味,能使老鼠闻后猛烈跳跃,不久后死掉,科学家分析发现气味中有能作用于老鼠神经系统的生物碱,就利用这有效成分制成了灭鼠药。还有科技人员发现除虫菊花中含有能杀死蚊子的除虫菊酯,就以除虫菊花为主要原料,制成蚊香驱蚊、灭蚊。

老师:仿生学对技术科学和生物科学都产生了极大的推动作用,它不断向纵深发展,新品迭出,前途无量。如通过对生物电流、神经系统和感觉器官的研究和模拟(是仿生学研究的重点),已成功仿制人工步行机,将来可能生产更加完善的"人工智能机(机器人)",可在危险环境和战场上大显身手;海龟能游回几千千米外的出生地产卵,它的定向、导航系统,是航天、航空、航海研究的重点;科技界正在模仿人脑的神经细胞研制电脑的基本原件,想制造以人脑为样板的体积小、耗能少的高效可靠的高级电脑;苍蝇终生出没于肮脏之地,置身于病毒之中,却能不染上疾病,科学家发现它体内有一种高效抗菌活性蛋白,能杀死多种病原菌,如能研发有类似功能的产品用于人类,将会极大提高人类健康水平、解除病痛和延年益寿……

"改错"：历史

小明：历史兴趣小组中国历史知识测验中有三个"判断改错题"：1. 1404年郑和下东洋。2. 南京有一个由郭沫若题写馆名的"太平天国历史展览馆"。3. 中国共产党于1921年7月1日宣告成立。我很快找出了三处错误：第一题明朝航海家郑和曾率舰队七次"下西洋"而不是"下东洋"；他第一次下西洋是1405年而不是1404年。第二题"太平天国"的"国"字少了一点，是个语文改错题。第三题是正确的。

小智：1404年，郑和曾奉明成祖之命东渡日本，交涉倭寇骚扰我国东南沿海事件，迫使当时的日本国王源道义下令逮捕倭寇首领，保证不再发生类似事件，说明第一题没有错。

小敏：第二题在一本中学生杂志上说，展览馆讲解员曾对参观的中学生解释：郭老认为洪秀全占领南京后建都称王，没有一鼓作气打到北京是个"缺点"，所以把"国"字少写了一"点"。可我查过《辞海》，发现条目中只有"太平天国"而没有"太平天国",说明郭老写的"国"字并不错!

小智:第三题是个错题。"宣告中国共产党正式成立"的中共第一次全国代表大会是1921年7月23日至31日召开的,不可能在7月1日就宣告中国共产党成立。1938年5月,毛主席因为他和董必武都不记得党的"一大"是7月哪一天召开的,所以在《论持久战》中提到"今年7月1日,是中国共产党建立的17年",把7月首日作为建党纪念日。1941年6月,中共中央《关于中国共产党诞生20周年抗战4周年指示》,正式提出把"七一"作为党的生日。第三题要改为"1921年7月1日是中国共产党成立纪念日"才正确。

老师:创立"拜上帝会"发动农民革命的洪秀全,把《圣经》中关于千年太平的"天国"理想,和中国农民渴望"天下太平"、认为"皇帝是天子"的观念结合起来,在选定国号太平天国时没用当时通用的"國"字,造了一个后来未通用的"囯"字。表示他代表天父做人间天国的天"王",居于国家的中央。现在写简化汉字"太平天国"不错,如果引用太平天国的历史和文献,也可以(不是必须)像郭沫若那样写"太平天囯"。

"改错"：地理

小明：地理课进行的"兴趣题"测试中，也有三个"判断改错题"，挺容易的：1. 辽（契丹）国在会同元年（公元938年）定都南京。2. 在四川省金沙江畔发掘的"金沙遗址"，是我国21世纪第一个重大考古发现。3. 战国时开挖的"郑国渠"，扩大了灌溉面积四万余顷（合现在280万亩），促进了郑国的农业生产。第一题历史课讲过，辽国（契丹）在中国北方大漠南北和东北一带，南面只到现在的河北、山西的北部，"南京"在长江沿岸，不可能是辽国的首都。辽国曾经建都幽州，也就是现在的北京，所以我把题中的"南京"改为"北京"。第二、第三两题都不错，不必改。

小智：第一题你讲辽国的疆域在北方不错，但契丹在公元938年从石敬瑭手中接收燕云十六州后，就把国号从"东丹国"改称"辽"，把幽州定为国都，改称"南京"，而把原来东丹国的首都"南京"（今辽宁辽阳）改称"东京"。所以第一题不错，不必改。辽国还曾建上京临潢府、中京大定府、西京大同府，与南京、东京合称五京。第二题的"金沙遗址"不在金沙江畔,而是在成都市郊区的金沙村,考古遗址都是用所在地的小地名命名的。金沙遗址是商周时期古蜀国国都的遗址,曾出土了"黄金面具"等三百多件金器,是中国考古出土金器最多的遗址,被称为"金面王国"。同时出土的"太阳神鸟(四凤朝阳)"圆盘,已被定为我国文化遗址的标志图案。

小敏:第三题中的"郑国"是个人名,不是国名(位于今河南境内的郑国,在修"郑国渠"前100多年就已被韩国灭掉了)。战国后期秦国强大,靠近秦国屡遭侵略的韩国为了消耗秦国的国力,派了一个经济间谍——水利专家郑国去游说秦王修造引泾水进洛河的大型水利工程,秦王嬴政察觉到了这个"疲秦"的阴谋,曾想杀掉郑国,郑国用"臣为韩延数夕之命而为秦建万世之功"说服了他,使工程得以继续。"郑国渠"在秦国的关中地区(今陕西境内),史书记载:"渠成,关中为沃野,无凶年,秦以富强,卒并诸侯,因命曰'郑国渠'。"所以"郑国渠"是秦人为纪念领导修渠有功的郑国而命名的,它促进的是秦国关中(不是郑国)的农业。

"大理寺"是什么寺

老师：你们知道"大理寺"是什么"寺"？

小明：云南大理市我去过，那里有个著名的旅游景点，一座庙宇里有三座宝塔，叫"崇圣寺三塔"，所以"大理寺"是"崇圣寺"。

小敏：不对，在云南大理市有一座南诏（唐）时期建造的崇圣寺，但它不是"大理寺"。"大理寺"也不在大理市，而是在京城。

小智：在京城？我姨母家在北京，从来没有听她说过北京有叫大理寺的佛寺！

小敏："大理寺"不是佛寺。是南北朝到清代的中央审判机关。"理"在古代是"治狱官"，秦称廷尉，汉景帝改称大理，北齐设"大理寺"，首长称大理寺卿，历代沿用。宋代分左、右寺，左寺复审各地奏劾和疑狱大罪，右寺审理京师百官的刑狱。明、清两代，大理寺和刑部、都察院合称"三法司"。1906年清政府将大理寺改称大理院（泰国现在的最高审判机关还叫大理院），1929年国民党政府将大理院改称最高法院。所以"大理寺"相当于现在的最高人民法院。

老师:"寺"原是中国古代官署名,如大理寺、太常寺(掌宗庙礼仪)、鸿胪寺(掌管接待诸侯王及少数民族首领)等。东汉明帝时,西域高僧摄摩腾、竺法兰用白马驮佛经到京城洛阳,由鸿胪寺接待安置,次年(公元68年),在今洛阳市郊敕建存放佛经和西域高僧居留的处所,也以"寺"命名,叫"白马寺"。这是佛教传入中国后兴建的第一座佛教寺院,从此"寺"又成为供奉佛像、佛经和僧众聚居修行的场所,叫"佛寺"或"寺院"。

山南水北，"阴差阳对"

小明：由于我国在北半球，白天太阳一直高挂在南面上空，所以人们一般以南面为阳，北面为阴，大门朝南开的叫"向阳人家"。有些在名山南、北的地区常因此而得名，如贵州省贵山以南的"贵阳市"，湖南省衡山以南的"衡阳市"；而陕西省的"华阴市"和浙江省的"山阴县"（今已撤，属绍兴）则分别因在华山和会稽山的北面而得名。

小智：你只说对一半，"南阳北阴"对名山而言是对的，如果认为在"名水"（大川）南北的地区也如此命名，就会"阴差阳错"闹笑话。像我外婆家在长江南岸，可那里不叫"江阳市"而叫"江阴市"，湖南省的"湘阴县"也在湘江的南岸；而地处洛河之北的著名古都，不叫"洛阴"而叫"洛阳"——都与大山南北相邻地区的命名相反。

小敏：对，中国地名中的"阴阳"与它在名山和大川的"南北"是对应关系。《穀梁传·僖公二十八年》："水北为阳，山南为阳。"与之相对应的"阴"则相反,许慎《说文解字》:"'阴',水之南山之北也。"所以在江苏省有长江以南的江阴市和淮河南岸的淮阴区;辽宁的沈阳市和浙江的富阳市,则分别因在沈河和富春江的北面而得名。全国邻近名山、大川地名中带有"阴阳"的都是按此规定命名的。

老师:对,最明显的是在陕西省华山南、北分别有华阳镇和华阴市;淮河南、北则分别有江苏省的淮阴区和河南省的淮阳县。最典型的,是在陕西省的九嵕(zōng)山之南和渭水之北有一座古城,因为它同时位于山南和水北,都是"阳"面,所以叫"咸(意为都、皆)阳",秦孝公曾迁都于此(在今陕西省咸阳市东北窑店镇附近)。

扬州自古属"江南"

小明：白居易的《忆江南》词："江南忆，最忆是杭州。山寺月中寻桂子，郡亭枕上看潮头，何日更重游？""忆江南，其次忆吴宫。吴酒一杯青竹叶，吴娃双舞醉芙蓉，早晚得相逢。"说明"江南"的核心地区，是长江以南杭州、苏州周围的西湖、太湖一带。可另一位唐代诗人杜牧，有诗《寄扬州韩绰判官》："青山隐隐水迢迢，秋尽江南草未凋。二十四桥明月夜，玉人何处教吹箫？"诗中，却把长江以北的扬州说成在"江南"，这是怎么回事？

小智："江南"泛指长江以南，但其范围不同时期有不同的界定：春秋战国时期指现在长江中游以南地区；唐代指长江、淮河以南，南岭以北的东南地区；两宋时期，"江南"核心地区逐步移至苏、浙、赣、皖长江下游以南地区。近代狭义"江南"主要指苏南、浙北、皖南和上海市，学者钱冰认为最狭义的"江南"是指苏州、松江（今上海）、常州、镇江、杭州、嘉兴、湖州七府之地，是现在"长三角"地区的主体部分。

小敏:"扬州"是中国古"九州"之一(《尔雅·释地》:江南曰扬州),包括今苏、浙、皖、闽、赣等东南广大地区;隋唐时期的"扬州",治所在今南京市,辖今江苏、安徽和浙西地区;清顺治二年(1645年)设"江南省",省会在今南京市,1667年分设江苏、安徽两省。历史上长江以北的鄂北、皖北和苏北的不少地区曾属"江南"或"江南省"。

老师:"江南"不光是个地理概念,明清时期,苏、浙、皖、赣经济居于全国前列,是国家粮、税主要来源地,这赋予了"江南"经济富裕地区的含义;经济发达促进了文化繁荣,大"江南"地区的汉族文明,与中原文明一样,对中国的大一统具有重要意义,所以"江南"既是地理意义上的,也是经济和文化意义上的。

历史上扬州与杭州、苏州不但曾长期同属"江南"地域,同受扬州、江南省(苏州与扬州)管辖,而且有相同的自然环境、同样繁荣的经济和相似相通的文化。自唐以来,"江南扬州"的观念根深蒂固。不但白居易、杜牧等文化人把扬州与苏州、杭州同作为"江南美景"吟唱,而且后世许多人也都把扬州看作和苏、杭一样的人间"天堂",是理想的工作、生活居留地。

孔林与"孔陵"

小智:在山东曲阜孔子老家有孔府、孔庙和孔林,为什么没有孔子的墓地"孔陵"?

小明:曲阜我去过,孔子的坟墓就在孔林,那里有许多千年古树。我也有疑问:树木只是墓地的标志和陪衬,为什么叫"孔林"而不叫"孔陵"?

小敏:"陵"是指帝王的坟墓,如"秦始皇陵"、唐太宗的"昭陵"、明太祖的"明孝陵"、清朝的"东陵""西陵"等,南京有"中山陵",孙中山虽不是帝王,但因是受人民尊崇的"中华民国(临时)大总统",所以也称"陵"。

小智:孔子被后世皇帝封为"大成至圣文宣王",墓地似乎也有资格称"陵"而不该称"林"。

老师:中国古时土葬凡不堆土、植树的叫墓,《礼记·檀弓上》:"古也墓而不坟。"西周之后才流行在墓上筑坟堆,在周围植树,作为墓地标志(同时增加盗墓的困难),后来通称坟墓。隆起的坟墓("封土为丘垄")也称为冢。只有帝王的墓叫"陵",也叫"山陵"(秦名天子冢曰山,汉曰陵,通称山陵)。其实"陵"不是墓地的最高规格的称谓,还有比帝王更高贵的人被称为圣人,他们的墓地被称为"林",中国从秦始皇称帝到清末的2133年间,有各类建号的皇帝494个,而被公认的圣人只有两个,那就是"文圣人"孔丘和"武圣人"关羽,孔子在曲阜的墓地叫"孔林"(至圣林),关羽(被尊为关公、关帝、关圣、关帝圣君)在山西解县(今临猗西南)老家的墓地称为"关林"。所以"孔林"比"孔陵"规格更高。

瞎子摸象：认识世界第一步

小明：小时候问爷爷大象是什么样的动物，爷爷只说两个字，一是"大"：陆地上最大的动物；二是"像"：四条腿像四根柱子，身体像一堵墙，两只耳朵像簸箕或蒲扇，长鼻子像一条粗绳子（或软管）。后来知道他说的"像"就是寓言"瞎子摸象"中摸象瞎子们认为的"大象"。"大"和"像"使我对大象有了初步、直观的认识。

小智：我读瞎子摸象故事时，开始觉得这些瞎子看问题太片面，很可笑，后来感到他们很可敬：虽是盲人却不盲从，对外界事物不人云亦云；能努力参加实践（摸象），根据亲身体会做出判断。

小敏："瞎子摸象"是批评某些人只对局部做片面了解，就"以偏概全"下结论的缺点。其实整体（全部）是由部分（局部）构成的，人类认识事物一般都是通过"摸象"的办法，从认识个别、局部入手，这是认识的第一阶段。现在对宇宙、人类的起源、生命、意识的本质等的认识,大致还处在"摸象"阶段。这个阶段得到的认识肯定不全面、不准确,有很多错误,这不要紧,只要不把它绝对化,能继续前进就行。

老师:任何客观真理都具有相对性和绝对性,人们只有通过认识相对真理才能逐步接近(不可能穷尽)绝对真理。由于受主、客观条件限制,人类对客观事物的认识是有阶段性的,每个阶段取得的正确认识既只是相对真理,又都是绝对真理的组成部分和通向绝对真理的阶梯,譬如对大象的认识,一般都经过"瞎子摸象""明眼人看象""生物(动物)学家研究象"以及政治、军事、经济、文化、社会各方面的专家先从不同方面对大象分别进行再综合进行研究,才能对"大象"的自然、社会属性及对各方面的影响有较为全面、逐步深化的认识。不能轻视包括"瞎子摸象"在内的每个认识阶段,也不要把在某个阶段对局部事物的认识看成是普遍适用的终极真理,不要把对本质上是无限发展的事物的研究探索,停止在某个阶段。

"题东林壁"——苏轼的一首"轶诗"

小明:有句老话叫"当局者迷,旁观者清",究竟是"旁观者清",还是"当局者清"?

小智:旁观者清。因为当局者置身事中,有时会被大量眼前事物的表象、假象所迷惑,不能统观全局,或因思虑太多而陷于主观片面,看问题反而糊涂、迷茫。"当局者迷",有苏轼《题西林壁》的诗篇为证:"横看成岭侧成峰,远近高低各不同。不识庐山真面目,只缘身在此山中。"而旁观者由于站在高处、远处,受的干扰少,又"置身事外",态度冷静、客观,所以能看得清楚。

小敏:当局者清。"实践出真知",当局者由于身历其境,有丰富的感性知识,知道事情的来龙去脉和各方的利益关切,通过分析就能看清事物的本质。"置身事外"的旁观者站在远处眺望,只凭着看到事物的局部、表象进行主观臆测,不容易了解事物的全貌和本质。"当局者清"也有苏轼的轶诗《题东林壁》为证:"横看成岭侧成峰,远近高低各不同。得识庐山真面目,只缘身在此山中。"

小明：胡扯，庐山没有东林寺，苏轼哪有这首诗？

小敏：苏轼第一次去庐山只是走马观花，被"横岭侧峰"搞得晕头转向，没能看清庐山的真面目，很有感慨，就在西林寺壁上题了那首尽人皆知的诗。后来他又一次上了庐山，住下来对庐山的峻岭奇峰看了个仔细，还向导游、山民做调查，对庐山有了全面、深刻的认识，感到原来那首诗看法不够全面，为了补救，就在东林寺壁上写了我引用的那首诗。可惜东林寺不久被焚毁，这首诗没有广为传播，成了轶诗。

老师：小敏冒名苏轼杜撰的诗和苏轼的诗虽然只相差一个字，却能互相补充，使认识更全面深刻。当局者和旁观者对事物的认识各有其优势和劣势，只要能保持客观态度，深入进行调查研究和科学分析，就都能"得识"（否则就都会不识）"庐山真面目"。"当局者"要主动征求、虚心听取"旁观者"的意见、建议，上级领导做决策前要深入实际调研取得第一手资料，同时广开言路，既听有实践经验的"当局者"的意见，也听较为客观的"旁观者"（群众、专家）的建议，"兼听则明"，经过综合平衡，真正认清"庐山真面目"后再做决断。

苏轼游庐山时有没有东林寺不知道，但后来庐山确曾有一座东林寺，有个叫古直的学者曾在那里设帐收徒。

做梦也想不到

老师：你们知道人为什么会做梦？

小敏：哲学常识课讲过，意识是客观世界在人脑中的主观印象。人的大脑在醒着时不停地思事想物，在睡眠时仍有部分脑细胞继续活动（尤其是在"浅睡"状态），这就会"做梦"。由于做梦是无意识的，所以梦中出现的事杂乱无章、变幻莫测，醒来时一般都记不住。但有些白天反复思考、印象特别深刻的事情，会在梦中继续"思考"，醒来时还能记住。化学家凯库勒梦见碳原子和氢原子变成两条咬住自己尾巴的白蛇组成一个环，醒来找到苯分子 C_6H_6 的原是环状结构的"灵感"。"日有所思，夜有所梦"，"梦境"有的真实（与当时外界刺激同步），有的似曾相识，有的虚幻、荒诞（脑中残存信息无序链接）。总之，"梦境"是人脑对客观世界即时或延时、正确或歪曲的反映。

小明：对，去年冬天一个早晨，我外婆醒来时泪流满面，说她睡着时"灵魂"出窍去和外公相会，看到外公衣衫单薄，要她送御寒棉衣。外公是早年在立秋时节穿着单衣去世的,每年寒冬腊月,外婆就会叨念他在"阴间"会挨冻,这说明外婆的梦境是她对外公强烈思念的反映,和"病人梦医、囚人梦赦、饥人梦餐"一样,是长期、反复日有所思的结果。

小智:农村老年妇女常会梦见小时候与她们的母亲一道纺纱、纳鞋底、喂猪的情景;而我们年轻人的梦境和她们完全不同(不同民族、国家、地区人的梦境也不同)。这说明梦境与各人的经历密切相关。

老师:梦境不会凭空出现,只有直接或间接亲历过、见过、听过(包括从书报等传媒渠道)并在脑中思考过的内容,才会在梦中再现。否则就会像毛主席在致谢觉哉的信中说的:"未见未闻的,连梦也不会做!"有道是:

亲历见闻牢记心,日有所思夜梦境。
非是灵魂能出窍,只缘人眠脑未宁。

* 梦学专家罗伯特提出,做梦是为了忘记、释放一部分信息,使大脑处于放松状态;精神分析创始人弗洛伊德认为梦中反映的意识是无意识中被压抑的纠葛和欲望;还有科学家认为做梦是大脑在打扫环境,能治愈心灵的创伤、消除痛苦的回忆,留下美好的记忆。

是"人造神",不是"神造人"!

小明:在《西游记》中,为什么中国神仙穿的衣服、吃的食物等和中国古代世俗社会的官员和群众一个样,外国神仙(佛、罗汉、菩萨)也与外国世俗社会里的和尚一个样?

小智:对,在中国的天国里,有玉皇大帝、王母娘娘、文武百官和等级森严的衙门……与中国的封建王朝"如出一辙";一些劳动人民好不容易修炼成仙进了天国,却仍旧干当兵、看门、种花、养马、烧炼丹炉子等苦差事,受剥削和奴役,也和在人间并无两样。

小敏:人间社会重男轻女,神仙社会也一样。在中国的"天庭",玉皇大帝任用的官吏都是男性;在西天佛国,众多大德高僧(佛、菩萨、罗汉)也都是男身,其中唯一的女菩萨——送子观音,在古印度也是个男僧,传到中国开始也是男身,后来有些人为求得贵子,把观音像供在闺房里,又怕违背"男女授受不亲"的封建礼教,唐朝以后对他做了"变性"手术,这才有了"观音娘娘"。

在四川内江市的圣水寺中,原有一尊有胡子的男相千手观音,清朝重建时去掉胡子,面相仍是男身,"男相观音"成了吸引游客的热门景点。

老师:中国、外国都有"神造人"的哲学观点,说是上帝、神仙按自己的意志和模样,创造了人类、人类社会和人间万事万物。其实正好相反,是人按照自己和人间社会的样子(加上期望和想象)创造了"神"和"神仙世界"。人造的"神"和"神仙世界",又反过来成为人的崇拜对象。

小智:原来尘世是天堂的原型,是正品,天堂是尘世的复制品,怪不得林语堂说:"尘世是最好的天堂!"我看也可以说:"天堂是理想化的尘世!"

一斤米煮的饭小人国里三人可吃几天?

吃饭时,老师提了一个问题:如果小人国里平均1个人1天吃100粒米饭,1斤米煮的饭大约可供小人国里3个人吃几天?

小明(不假思索抢先回答):大概可吃100天。

(小敏想了一下,在纸上写了几个字。)

小智一面在纸上计算,一面喃喃自语("1斤米大概有24000粒,除以300粒等于80天"):大约可供小人国里的3个人吃80天。

老师:小敏,你的答案呢?

小敏不声不响地把面前的纸推过来,上面写着"最多只能吃7天"。

老师:你是怎么算出来的?

小敏:煮熟的米饭,即使在冬天放7天也会变馊,小人国里的人身体瘦小,不能吃变质的食品。

老师:对,数学不光是计算数字的技能("算术"),它离不开实际生活,有时要"跳出数字看数字,联系实际解难题"。解数学题首先要整体、综合思考,然后再分解分步进行计算,答案要看是否符合实际。

逆向思维：减少燃料增加火箭射程

小敏：1959年6月，苏联撕毁合同，撤走专家、资料后，我国决定自行研制导弹、核武器。在很快成功发射仿制苏联产品的"东风一号"导弹后，接着自行研制射程更远的"东风二号"导弹，首次试射因加有酒精的液态混合燃料推力不够，未能到达预定靶场。

当时专家们提出的解决方案都不理想，大家都很着急，这时导弹研究院的青年技术员王永志，提出从混合燃料中减少600千克酒精，减轻导弹重量以提高导弹速度和射程的方案，多数人认为不妥，他直接向导弹工程技术负责人、导弹研究院院长钱学森建议。钱院长在详细了解、分析计算过程和缜密思考后，决定采用这一方案，使"东二"导弹按时发射成功。这是"反向思维"成功的实例。当时受到钱学森赏识的王永志，后来曾担任中国载人航天工程首任总设计师。

"黄金分割"，夺冠助力

小智：数学上把长度为 L 的直线段分成两部分，使其中一部分对于全部的比，等于其余部分对这部分的比，即 $\dfrac{x}{l} = \dfrac{l-x}{x} = 0.618$，由于在美术、建筑、工艺品和书本等日用品的长和宽用此比例时，能让人有赏心悦目的美感，因此被称为"黄金分割"，又叫"黄金律"。在自然界，包括人体结构的有些比例都遵循"黄金分割"定律，如人的膝盖是肚脐到脚跟的黄金分割点、人的鼻子在脸部的位置、肚脐眼在全身的位置，上下身长的比例都趋向"黄金分割"。

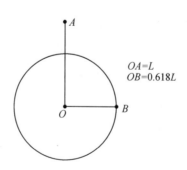

小明:在日常生活中,"黄金分割"也有可用之处:如(附图)一盏吊灯 A 到桌面的最短距离 $AO=L$,那么桌上以 O 为圆心,$OB=0.618L$ 为半径的圆周处亮度最好,看书、作业在此黄金分割点有利于保护视力。

小敏:人们习惯用"黄金"称谓特别重要、效果特别好的事物,如"黄金搭档"、"黄金水道"、地震救人"黄金 72 小时"等,我认为对一个较长的连续过程(包括较长的线段)进行能取得显著实效的分割,也可叫"黄金分割法"。有这样一个实例:日本个子不高的长跑运动员山田本一,出人意料地两次在国际马拉松邀请赛中夺冠,他介绍他的秘诀是:赛前实地踏勘比赛路线,用高楼、大树等醒目"标志",把全程分解成若干小段牢记于心,比赛中把每个标志物作为新起点,奋力冲向下一个标志,一直保持较快速度首先达到终点。山田本一把使人想而生畏的 42 千米的比赛全程,分解为若干个能提振自己信心的冲刺短程的分割方法,是长程赛跑的"黄金分割法"。

老师:同学们可以学习山田本一的黄金分割法,把初、高中阶段的学习目标,分解为时段较短(学期、学年等)的分目标,使自己可以"跨快步,不停步",更有信心去冲刺。

抑扬篇

"挥毫一字值千金"

("一字千金"之三)

小智：南宋诗人戴复古在《望江南》词中说："挥毫一字值千金。"在中国历史上能写"值千金"汉字的最著名的是书圣王羲之。据说喜爱王羲之书法的唐太宗李世民，曾用重金搜购到不少王的手迹，可一直没有见到他梦寐以求的《兰亭集序》。后来有个老人说要进献《兰亭集序》，可当场拿出来的仅是"兰""亭""集""序"四个单字，发怒的李世民正想治老人的"欺君之罪"时，大臣魏徵把字拿去让专家鉴定后启奏："四个字确是王羲之真迹，请皇上赏他千金。"李世民欣然同意。这个类似于郭槐对燕昭王讲的"千金市骨（买死马骨）"的故事传开后，很多人向宫中进献王羲之的真迹，包括《兰亭集序》原本。所以"一字千金"是王羲之、柳公权（"柳字一字值千金"）、颜真卿等书法大师所写的字。

小明：有些"当代书法家"的"水平"已超过王、柳、颜了，某市一家并无纪念意义、也不是公益单位的饭店，题写店名的是一位（并非书法家的）市级领导，听说他写了五个字，店家就给了五万元的"润笔"（一说是同额代价的"礼品"），平均一个字值十"千元"！有人分析说他的字之所以值钱，是因为他的人值钱——他手中的权值钱！

小敏：对，因为他的人值钱，所以他的字值钱；因为他的字太值钱，所以他的人要"掉价钱"！

小智：社会上还有一类比他写的字更差而价更高的"卖字先生"，譬如只要在一份印刷精美的伪劣产品的"合格证书"、违法征地的"出让协议"、隐瞒真相的"事故调查结论"、不够格参评者的"获奖证书"上歪歪扭扭签上自己的大名，签名的领导、专家、名人就能得到现金、礼品或其他形式的回报，每个字的平均价往往超千元甚至万元！

小敏：这两类"卖字敛财者"，卖的都是自己的声誉和灵魂，除同样获得高额报酬外，前者额外得到的是群众的摇头和白眼，后者可能会再"收获"一张免职通知或一张判决书。

一字值千金的洋字

("一字千金"之四)

小智:我发现在现代中国,不仅有一字值千金的汉字,而且有"一字值千金"的洋字。

小明:哪个国家的?是什么字?

小智:四个英文字:A、B、C、D。

小明:这四个英文字母谁不知道?值什么钱?!

小智:我一个同学去年初中毕业报考一所名牌重点高中,由于中考时在某科标有A、B、C、D四个字母的选择题中,"写错"一个字母被扣掉2分,致使总分比那所学校的录取分数线低1分,不能录取,托人疏通说情后,才在"自愿"缴了两万元"赞助费"后作为"计划外招生"挤了进去。你想,写错(或写对)一个字,就可能要"罚交"(或免缴)几千以至几万元钱,A、B、C、D这四个洋字在中国多么值钱!

小敏:国外真有"一字值千金"的英文字:1938年幽默大师卓别林编写了讽刺希特勒的电影剧本《独裁者》(The Dictator)准备拍电影,派拉蒙电影公司知道后,提出他们曾拍过一部叫《独裁者》的闹剧,拥有片名专利,卓别林要拍同名电影,就要付2.5万美元片名转让费。卓别林不动声色,电影照拍,只把片名改为《大独裁者》(The Great Dictator),这加上去的英文字Great(大、较大),既更突出了希特勒的丑恶嘴脸,又省下2.5万美元的片名转让费,是"一字千金(美金)"的25倍,充分显示了卓别林的聪明、机智。

"一天等于 20 年"

小明：马克思预言社会主义社会经济建设会出现"1 天等于 20 年"的奇迹，这跟李白诗中"白发三千丈"一样，夸张得离谱。

小智："白发三千丈"是李白的浪漫畅想，根本不可能；"1 天等于 20 年"是马克思对社会主义能促进生产力较快发展的形容，在现实中还真有这样的例子：1990 年我国化纤的平均日产量，是 1949 年全年产量的 20 倍。

我国最早生产的轿车，是 1959 年第一汽车厂为国庆十周年生产的红旗牌轿车，到 1963 年共生产 202 辆，平均每年造 50.5 辆。1997 年我国生产各类轿车 38.29 万辆，平均 1 天生产 1049 辆，是上述时段平均年产量的约 20 倍：1 天等于 20 年！2013 年生产 1202.79 万辆，平均 1 天生产 32953 辆，是那时平均年产量的约 650 倍："斯时（2013 年）方一日，往昔六百年！"

小敏：我国国内生产总值（GDP）从 1953 年到 2013 年增长 122 倍，2011 年达 60484 亿美元，成为仅次于美国的世界第二大经济体和世界第一大工业生产国。2011年有270多种工业品的产量为世界第一,其中平均1天的产量达到历史上某一年或某个时段平均年产量的7300倍(1天等于20年)的新兴产业产品多得是。

老师:我国经济的迅速发展和人民生活水平的大幅提高值得高兴和自豪,但要有清醒的认识,我国生产的高科技、高附加值的产品与发达国家还有较大差距;我国有13亿人口,人均收入在全球195个国家排名中只在第90位左右。中国还是一个发展中国家,要实现国家富强人民幸福的"中国梦",还有很长的路要走,还须努力奋斗!

讲个笑话:地球上"国际日期变更线"的两侧,时间要相差一天,行人一步跨过"变更线"("线"只有长度没有宽度)只用1秒钟,这一秒就相当于1天(86400秒)。"1天"就相当于86400天=236.7年!这比"1天等于20年"还要大12倍!

中国高速建设的高速铁路

小智:这次乘"高铁"列车去北京探望姨妈,可说是风驰电掣,朝发夕至。德、美、法、日、英等发达国家,于20世纪30年代就开始研发"高铁"技术,1964年日本建成至今已正常运营50年的高速铁路,即东京到大阪的"新干线"。中国2002年才从德国引进技术,在上海造了一条30千米的实验性(磁悬浮)高速铁路。2004年开始,国家制订发展"高铁"规划,发挥"社会主义制度能够集中力量办大事"的优势,建设规模和速度已在世界领先。

小明:对,到2013年,已建成包括京广线(2298千米)在内、运营总里程达11028千米的高速铁路,超过世界其他国家之和。计划到2020年建成总里程达到1.9万千米,仍可能占那时全世界高铁运营总里程的一半。据媒体报道,我国现有"高铁"时速为350千米,正在研发时速超500千米的列车,速度更高的真空管道高速铁路已开始进行规划研究。

小敏：我国高铁技术和建设能力处于世界领先地位，已就高铁建设与世界多个国家谈判或签约，包括从重庆经新疆到德国的渝新欧铁路，从乌鲁木齐经中亚、土耳其连接德国的中亚铁路、从喀什到巴基斯坦瓜达尔港和从昆明到新加坡的泛亚高铁等。中国提出了建设一带一路（丝绸之路经济带和21世纪海上丝绸之路），和有关国家实现互联互通的倡议，受到沿线国家的欢迎。

老师：德国《时代》周报慨叹："中国欲织高铁网覆盖世界"，"中国不遗余力地欲使古代丝绸之路和明朝郑和下西洋的故事复活"。

在国内外建设高速铁路网，将促进中国东西部经济发展，拉动内需转型；推动欧亚大陆经济整合，有利于中国和世界经济持续发展。

"先生不及后生长"

小明：有一副戏谑性的对联："眼珠子，鼻孔子，朱子反在孔子上；眉先生，胡后生，先生不及后生长。"为什么会出现这种"反常"现象？

小智：上联是说宋代思想家朱熹，人称朱子（"珠子"的谐音），他参与创立并集理学之大成，把封建伦常、忠孝仁义抽象为至高的"天理"，要求"存天理而灭人欲"，被后世帝王改造为统治思想的基础。明、清两代被奉为儒学正宗，把朱熹提升到与孔子相同的地位（康熙皇帝把他的牌位请入孔庙，列为"十哲"之次）。

小敏：由于人身上不同部位的体毛生长的时间和速度不同，出现下联"先生"而慢长且"短命"的眉毛，不及"后生"而快长且"长寿"的胡子长（zhǎng）得长（cháng）的现象并不奇怪。而且在现代中国，先生的孩子平均高度不及后生的孩子"长"也已是普遍现象。据无锡《江南晚报》报道：由于人民生活水平提高、实行优生优育、重视婴幼儿早期教育和医疗条件的改善等多种原因,无锡市儿童身高(身长)测试显示:2005 年与 1985 年的 5 龄童对比,男孩从 108.60 厘米提高到 113.86 厘米,女孩从 107.60 厘米提高到 112.51 厘米,20 年间都平均增高约 5 厘米。

老师:先生的人不及后生的人"长"不光指"身长"(高),更重要的是"寿长"。据无锡市人口和计划生育委员会的统计,2011 年,全市人均期望寿命已达 81.17 岁,比 2001 年的 76.98 岁提高 4.19 岁,比 2011 年全国人均期望值高 8.17 岁。

人均期望寿命是衡量健康的国际通用指标,是当前最具综合意义的反映人民生活质量、体现人民幸福安康的民生指标,这个指标不断稳步上升,是新中国(特别是改革开放以来)取得巨大成就的铁证之一。

* 头发长得快的每天长 0.3 毫米,可连续生长 2 到 6 年;眉毛每天只长 0.16 毫米,生长周期只有 2 个月左右;胡子的生长速度和周期都接近头发而大于眉毛。

无锡农民的变迁

老师：我们的学校在农村，你们都是农民家庭出身，你们家里的人是什么样的农民？

小明：我家祖上都是"面朝黄土背朝天"的农民，我的曾祖父一辈子务农，是个世袭的"全身（专职）农民"。

小智：无锡是乡镇工业（当时称社队企业）的发源地，我的祖父农忙在家种田，农闲进厂做工，是个亦工亦农的"半身（兼职）农民"。

小敏：我爸爸小时候在家种过田、养过羊，后来，读了书进了机关，是从农村走出来的农业局干部，是"一只脚农民"；叔叔在郊区塑料大棚里用营养液生产无公害蔬菜，是"不赤脚农民"。

小智：我哥哥小时候在农村种田，现在在无锡大厂里"打工"，是厂里的技术骨干，是掌握了先进工业技术、不耕田种地，被称为"农民工"的"户籍农民"。

小敏：我们现在是学生，受到农民家庭的影响，身上有农民的印记,可说是"影子农民"。

小明:我将来准备考农业大学,毕业后回农村搞"工厂农业",当科技型"白领农民",现在可说是"后备农民"。

老师:无锡市江阴籍的语言学家刘半农(名复,字半农),曾对老朋友钱玄同说过他取名"半农"的缘由,一是表明他"从事笔耕"的身份,二是"我父辈、祖辈都是耕地的,我号'半农'可以不忘历史"。你们将来的身份现在虽不知道,但单凭"世代务农"这一条,我们都要学习刘半农,"不忘历史",永远关心"三农"(农村、农业、农民)。

从你们家庭成员"农民"身份的变迁中,可以看到近代中国农民这个世界上人口最多、最苦和对社会发展贡献最大的人群不断转化的过程,折射出当代中国工农、城乡和体脑劳动"三大差别"逐步缩小的趋势。中共十八大提出要建设现代农业和加快农村城镇化的步伐,预示着"三大差别"将进一步缩小,这是划时代的革命性变化。

"光耀二十世纪,恩被九亿神州"

(奇联巧对选之二)

小敏:对联的一个重要功能,是对美好的人、事进行歌颂、表彰、祝福……这在春联、寿联、婚联、名人纪念馆和故居的门联、楹联中随处可见。如群众悼念周恩来总理的挽联:

五四运动,四五精神,顶天立地大英雄,生荣死哀,光耀二十世纪;

八一倡义,一八赍志,赤胆忠心好总理,鞠躬尽瘁,恩被九亿神州。

台湾省台南郑成功庙联:

由秀才封王,为天下读书人别开生面;

驱异族出境,语中国有志者再鼓雄风。

(郑成功曾封延平郡王。异族:荷兰。语:相告。)

文天祥祠对联:

犹留正气参天地；

永剩丹心照古今。

小智：对联的另一功能，是对坏人坏事进行鞭挞、讽刺，它寥寥数语，入木三分。像清朝蒲松龄讽刺腐朽官吏的缺字联：

一二三四五六七；

孝悌忠信礼义廉。

上下联各隐去一个"八"字和"耻"字，寓斥对方"忘八无耻"之意。

明朝大臣洪承畴被俘叛国，助清灭明做了大官后，自书门联：

君恩深似海；

臣节重如山。

向新主子表忠心。有人在上、下联之末分别加上一个字，作成续句联：

君恩深似海矣！

臣节重如山乎？

用责问他如何对待明朝的崇祯皇帝的口吻，使洪表忠心的原联转为对他负恩变节的辛辣讽刺。

小明：旧社会有副讽刺迷信者的庙宇门联：

经忏可超生，难道阎王怕和尚？

纸钱能赎命，分明菩萨是赃官！

批评有些人不一心向善，甚至胡作非为，却想通过向神明求情行贿祈福求寿,把阎王、菩萨、神仙、上帝看作人间的坏人、赃官。

上海城隍(道教的护城神)庙有副对联:

> 做个好人,心正身安魂梦稳;
> 行些好事,天知地鉴鬼神钦。

宗教都有劝人为善、教化信徒的功能,这副对联就体现了这种功能。只有做个"众善奉行,诸恶莫作"的好人,才是信教、敬神的真谛。

老师:对联要内容健康、切合实际,有一副"拆字联":

> 此木为柴山山出;
> 因火成烟夕夕多。

它拆字准确,对仗工整,可内容不符合现在的环保要求:把木材这种宝贵资源当柴烧,既是浪费又破坏绿化、污染环境,不能因它"山山出"而不加珍惜。随着用电和煤气、天然气的逐步普及,"樵夫上山,斫木为薪;夕阳西下,炊烟四起"的景象,在我们无锡城乡都已绝迹,这副对联记述的情景已成为历史。

将相"和"

老师：今天请你们猜谜："一谜请君细琢磨，千古传诵将相'和'。鼎鼎大名人人知，莫猜相如和廉颇！"打中国历史上最有名的两个人。

小明：中国历史上两个著名的文官和武将团结一致打天下、保江山的，除廉颇和蔺相如以外，还有好多，譬如……

老师：注意，谜面将相"和"的"和"不是和谐、协调、团结的意思，而是一个数学概念，是指"相加的结果"。

小敏：将相"和"，将和相"相加"，指的是一个人？啊，我知道了，"出将入相"！中国历史上这样的人也不少，要说"鼎鼎大名人人知"，那首先应推三国时期的诸葛亮。还有一个嘛……

小智插话：还有一个是明初开国功臣徐达，朱元璋曾称赞他"出将入相，才兼文武世无双"。

小敏：不对，别说外国，在中国知道徐达的人也不多，不是人人公认的。这第二个才兼文武，集将、相于一身而且得到公认的,应当是周恩来总理!周总理既是新中国任期最长(27年)的总理,又长期担任中共中央和国家军委副主席,是协助毛主席指挥全国解放战争的总参谋长。他对民族、国家和人民赤胆忠心,鞠躬尽瘁,立下了丰功伟绩,受到全国人民的衷心爱戴。逝世后,日本舆论把他比作"功比天高,千古流芳"的诸葛亮。在他身上集中了中华民族的优秀品质,是全国人民学习的榜样,必将传颂千古。

老师:对,中国历史上最有名的将相"和"是诸葛亮和周恩来。这里再补充一点,据《史记》记载,蔺相如因"完璧归赵"和在渑池会上"挫秦"有功,被封为上大夫和上卿,位于廉颇之上,但从未拜相。在赵国长期掌权的"相"(时称相邦,司马迁为避汉高祖刘邦名讳,书中改称相国),主要是平原君赵胜,他曾"三去相,三复位",他去相时曾短期为相的是乐毅、魏冉、田单三个"客卿",并没有蔺相如。相反,《史记·廉颇蔺相如列传》中说,平原君死后,赵王"封廉颇为信平君,为假(代理)相国",说明廉颇既是"将相和"中的将,又是曾一度集将、相于一身的将相"和"。不过他代理相国的时间短、建树少,还不如徐达出名,与诸葛亮、周恩来更不能比。

附对联选录

一、周恩来（《天安门诗抄》："民族之魂"）

披肝沥胆，镇妖除恶，经天纬地，纵捭横阖；

浩然正气，光明磊落，功高德重，名垂史册。

二、诸葛亮（成都武侯祠对联）

心悬八阵图，初对策，再出师，共仰神明传将略；

目击三分鼎，东联吴，北拒魏，常怀谨慎励臣躬。

三、徐达（明太祖朱元璋书赠门联）

破虏平蛮，功贯古今人第一；

出将入相，才兼文武世无双。

一个人能抵几个师

小明：成语"一夫当关，万夫莫开"，说一个人守关，一万个人也攻不破，这个人是"万人敌"！

小智：这个成语是形容关隘险峻、坚固，少数人扼守就能抵挡大队敌人，不是说一个人能敌一万人。

我国的确有一个人能抵几万人的能人，最著名的是中国导弹之父钱学森。他在美国留学、工作时，年仅37岁时成为加州理工学院最年轻的终生教授。他是世界公认的力学界、应用数学界的权威和流体力学研究的开路人之一，是卓越的空气动力学家、现代航空科学与火箭技术的先驱、工程控制论的创始人。美国空军赞扬他对第二次世界大战做出了"无法估价的贡献"。当他得知新中国诞生后，立即要求回国效力，主管他研究工作的美国海军部次长金布尔大为震惊，说"钱学森无论在哪里都抵得上五个师"。"我宁可枪毙他，也不愿放他回中国。"美国搜查、扣押了他的科学书籍、笔记本和几十箱资料，曾把他关进监狱，出狱后一直把他软禁在家中。在中国政府严正交涉下，1955年9月才回到祖国，为我国国防建设和科技事业做出巨大贡献，他是爱国知识分子的典范。

小敏：中国还有一个隐蔽战线的英雄熊向晖。他1936年加入中国共产党，周恩来派他打入敌人内部，担任蒋介石亲信胡宗南的机要秘书，冒着生命危险为党中央提供大量机密情报。1947年3月蒋介石要胡宗南闪击延安时，他将蒋、胡的军事部署及时报告党中央，使延安军民从容应对，坚决抵抗后及时转移，大大减少了人员、物资损失；撤出延安后又在陕北转战取得青化砭、羊马河和蟠龙镇"三战三捷"……他是立了大功的幕后英雄，毛主席称赞他"一个人能抵几个师"。

老师：和熊向晖类似的，还有打入南京国民党中央组织部调查科（"中统"特务组织的前身）当机要秘书的钱壮飞。1931年4月，协助周恩来分管保卫和秘密战线工作的中共中央政治局候补委员顾顺章，在武汉被捕叛变，向敌人建议进行突然袭击，将在上海的中共中央机关和主要领导人一网打尽。钱壮飞获此极端紧急机密情报（当时顾顺章已从武汉乘船赶赴南京）后，立即派人和亲自到上海报告党中央，抢在敌人搜捕行动开始前一天的晚上，将中央机关和中央领导几百人紧急转移，避免了一场后果严重的大破坏。钱壮飞等冒死为革命所做的贡献是几个师的兵力也无法完成的（钱壮飞后于长征途中，在贵州遭国民党飞机轰炸牺牲）。

令人感动的中国民主革命烈士

老师：在推翻清政府建立民国的民主革命时，在知识分子中曾涌现无数以身许国、舍生取义的志士仁人，使你们最感动的是谁？

小明：我父亲几次谈起黄花岗七十二烈士之一的林觉民，在参加广州起义前夕写给爱妻的《与妻书》，说他深爱家中父母、妻子和孩子，但为了民族解放和全中国家庭父母子女的幸福，他决定冒死参加战斗……在起义中他随黄兴袭击总督衙门受伤被捕，从容就义。《与妻书》感情真挚，充满为国牺牲的革命精神，使我深受感动。

小智：在浙江绍兴，有徐锡麟和秋瑾两位中国民主革命烈士。徐锡麟当过绍兴府算学堂教师，曾游历日本，在上海参加光复会。他捐资为道员打入敌人内部，在安徽任巡警处会办兼巡警学堂监督，和秋瑾约定皖、浙两省同时起义。1911年7月6日，徐在安庆刺杀安徽巡抚恩铭，率巡警学堂学生攻占军械局，后起义失败被捕,有人问他:"恩抚台待你不薄,何故如此?"徐说:"恩待我是私交,我待他是公义,私交何得胜过公义?"徐被判极刑后审问者对他说:"明日当剖你心肝。"徐大笑道:"区区心肝,何屑顾得?!"临刑视死如归。清廷挖其心肝祭奠恩铭后,由恩的卫队分食!

自号"鉴湖女侠"的秋瑾从小立志"人生处世当匡济艰危,以吐抱负"。她在留学日本时参加同盟会,回国后任绍兴大通学堂监督,联络会党,组织光复军,正拟响应安徽起义时,已发觉皖、浙间关系的清政府,抢先派兵包围大通学堂,秋瑾被捕不屈,称"自庚子以来,已置吾生命于不顾,即使不成功而死,亦吾所不悔也"。最后她牺牲于绍兴轩亭口。据说审问他的县令李钟岳让她写"供词",并将她写的"秋风秋雨愁煞人"七字绝命书暗中留下,使之传世。绍兴双侠壮烈献身的故事使我深受感动。

小敏:1905年,清政府准备以假立宪欺骗人民,派戴泽等五大臣出洋考察宪政,革命党人吴樾准备刺杀五大臣,主张武装起义的赵声受其精神感召而与他争赴暗杀使命,扭成一团互不相让,最后吴樾问赵声:"舍命一拼与艰难缔造孰易?"赵答:"自然是前者易而后者难。"吴说:"既然如此,你为其难,我为其易。"赵声才不再争。不料行刺时撞针式炸弹因列车颠簸而提前引爆,只炸伤两大臣,吴樾被炸死。赵声则在黄花岗起义失败后悲愤而死。赵、吴两人争赴危险使命,使我深受感动。

老师:1912年3月20日,孙中山曾出席辛亥革命四烈士赵声、吴樾、熊成基、倪映典的追悼大会。在中国民主革命、抗日战争等斗争中，为民族、国家、人民英勇献身的英烈，和在无产阶级革命中献身的无数英烈一样，都应当受到世世代代中国人的尊敬、悼念和学习。

一"诺"千金，一"NO"千钧

老师：无锡籍科学家钱伟长是著名的爱国者，你们知道他哪些爱国故事？

小明：国难当头，学理弃文。钱伟长1931年以中文、历史两个100分考入清华大学历史系，入学第3天得到九一八事变的消息后拍案而起："我要学造飞机大炮！"这个"高考"物理只考5分的文科特长生，决心弃文学理，毅然转入物理系"试读"。1946年5月，又放弃在美国加州理工学院条件好、报酬高的工作回国效力。

小智：大义凛然，一"NO"千钧。钱伟长1947年为赴美国从事科学研究，填写美国领事馆的申请表，在看到最后一栏"如果中国和美国开战，你会为美国效力吗"时，毫不迟疑地填上大写的"NO"，毅然放弃了那次出国研究的机会。

小敏：国家利益为重，个人冤屈不论。钱伟长1957年被错误地划为"右派分子"，"文革"时曾下放工厂看炉子、开机床。个人不幸没有动摇这个万能科学家的爱国心，他留在清华大学9年，为各方提供咨询，解决100多个技术难题；在工厂劳动，研究减轻工人劳动的机械;得知外国坦克在我珍宝岛横行,主动提出研制能打坦克的炮弹。平反以后,曾担任全国政协副主席、民盟中央副主席、名誉主席。80岁以后,还担任上海工业大学、上海大学校长,为振兴中华培养人才……

老师:钱老一生热爱祖国,他说:"没有一个独立富强的国家,就没有个人的一切","我忠于我的祖国,时时刻刻,心口如一"。他的爱国情怀终其一生。

1978年钱老回家乡视察,在县委工作的我随无锡县委领导到他下榻处看望时,他讲到1974年周总理点名叫他这个"右派分子"独自到美国考察电子计算机等高新科技发展情况,他说在美国有些人对他在国内受到政治批判和生活困难表示"同情",他用周总理请他独自出国考察,说明共产党在政治上对他是信任的;在生活上,他曾和招待他住宿的当时年收入5万美元的华裔科学家作对比:对方40%的收入要交各种税款和服务费,负担两个孩子读大学时手头并不宽裕。他当时每月工资200元人民币,夫人130元,住的是公房,不用缴租、税,孩子读小学到大学只花很少的钱,物价便宜……生活虽不富裕也不拮据,和当时共产党的中级干部差不多……一个身处逆境的人有如此忠于民族、热爱祖国的宽广胸怀,使我深受感动,真是"爱国一诺值千金,经坎历坷不变心;卖国一'NO'重千钧,立地顶天中国人"。这是从小跟着叔父钱穆接受中国优秀传统文化的钱伟长唱出的现代版《正气歌》,他确是"心口如一"的爱国知识分子的楷模。

"海归楷模"真唐僧是旷世英才

小明:《西游记》里的唐僧,历经81难,行程十万八千里,到西天取回5048卷真经,自己也成佛升天,可谓公私兼顾,"功德圆满"。不过他在大雷音寺求得梵文经典后立即回国,并未在西天佛国"留学深造";他送经回长安交差只住一晚,一次经也未讲,就随八大金刚回到西天佛国当佛做"官",从此音讯全无,"功德"远不如出国"取经"(留学)后回国终生效力的钱学森等"圆满"!

小智:历史上的真唐僧俗名陈祎(公元602—664年),法名玄奘,13岁时剃度为僧。他先后在洛阳、四川、长安等地遍访名师,在佛学界已崭露头角,但他不满足于翻译再传的小乘教佛经,在公元627年只身冒险从玉门关偷渡出境,历尽艰险到佛教发源地天竺(古印度)大乘教佛学最高学府那烂陀寺留学,师从戒贤法师。4年毕业后在五天竺游学,刻苦钻研,尽得佛学真谛,在与天竺各教派高僧和"外道"的研讨、辩经时所向披靡,特别是有18位国王、几万僧人参加,几十万群众随行,由当时最有权威的戒日王主持的曲女城辩经大会,玄奘登坛讲经时宣布:若有人能破解其观点,他就斩首相谢。18天辩经大会,与会的小乘佛教、印度教和其他"外道"无人报名上台挑战,反而有许多人公开转信大乘佛教!玄奘因此名振天竺,被授予"大乘天""解脱天"两个尊号,成为公认的佛学权威。

小敏:玄奘法师不忘"弘扬佛法"的取经初衷和东土故国的养育之恩,谢绝戒日王和戒贤法师等的挽留,不留恋崇高的地位和优越的研究条件,毅然于公元643年带了大批经卷、佛像和法器回归东土,在长安用19年时间(直到圆寂)翻译出经、论75部共1335卷,数量之大在中外古今翻译界无人超过。他口述由徒弟记录的《大唐西域记》一书,是研究中国西北地区、古印度广大地区和中亚等地古代历史、地理以及从事考古的重要资料,印度学者慨叹:如无玄奘法师将无法重现古印度历史。真唐僧是个集佛学家、翻译家、旅行家和区域史、地专家于一身的复合型大学者,是受到全国人民世代尊敬的留学先驱、"海归楷模"和旷世英才。

老师:真唐僧陈祎是个信仰坚定、"僧德"高尚、知识渊博、热爱祖国和人民、富有自我牺牲精神的"圣僧",被鲁迅称赞为"舍身求法"的"中国的脊梁"。以钱学森、邓稼先等为代表的许多爱国留学"海归"人员,是现代中国的"脊梁",你们如果出国留学,希望能步陈、钱、邓等前辈的后尘,学成归国效力,成为振兴中华的新一代的"中国脊梁"。

立德　立功　立言
（成名之路一）

老师：法国哲学家叔本华说："立功、立言，这是通向名声的两条必经之路。"中国古人的"三立"（再加"立德"）说，比他讲的更全面，你们知道哪些现代中国名人的成名之路？

小明：中国乒乓球、羽毛球和跳水国家队以及其他获得国际竞赛金牌的体育健儿，都是靠长期刻苦训练，为建设体育大国、强国立功而出名的。香港歌手张明敏，怀着一颗坚定的、"洋装披在身"也不改的"中国心"，以一首自己谱曲自己唱的《我的中国心》，红遍全球华人世界。

小智：以钱学森、邓稼先等"两弹一星元勋"为代表的科技精英们，靠不计名利、埋头苦干，为国家经济、国防建设和改善人民生活立下大功而出名的。"杂交水稻之父"袁隆平是赤脚立足中国大地，为解决人类粮食危机而辛劳的名人，杨利伟等是乘"神舟"飞船进入太空立了大功的当代名人。

小敏：文坛巨匠都是通过不朽作品"立言"而名垂史册的。他们的成名之路也各不相同，像大作家老舍靠早年在北平帮人开洋车行（外号叫骆驼祥子的苦力在那里租黄包车拉客为生）和茶馆，赚了钱做好事——资助整治臭水浜龙须沟而名满北京城。

小智：张思德、雷锋毫不利己，全心全意终生为人民服务，通过许多平凡小事做贡献，成为全国人民的楷模。现在全国涌现的和他们类似的许多道德模范，都是靠"立德"成为我们学习的榜样的。

老师："三立"不是孤立的，立功、立言以立德为基础和前提，立德则以立功、立言为载体。钱学森不顾威胁（曾被美国软禁5年）和利诱，坚决要求回国效力；鲁迅为了不违心说和写外国人要听的话，谢绝了友人推荐他参评诺贝尔文学奖的提议。他们都是立功、立言、立德的典范。

一"ju"成名

（成名之路二）

小明：有句成语叫"一举成名"，陈镜开等举重运动员因为在国际比赛中夺冠或破世界纪录而名扬天下，是名副其实的"一举成名"。

小智："一举（jǔ）成名"有一些"同类项"：一幢旧房子因为曾经住过名人而被定为"名人故居"，是"一居（jū）成名"；莎士比亚因早期的戏剧作品《罗密欧与朱丽叶》和《威尼斯商人》都一炮打响，赢得很高声誉，可说是"一剧（jù）成名"；1903年因上海《苏报》鼓吹革命，清政府勾结上海公共租界工部局拘捕了撰稿人章炳麟和邹容，成为轰动国内外的政治事件，章、邹两人分别被判监禁，可说是被"一拘（jū）成名"。

小敏：你们讲的都是做了正面的事"一举成名"。还有人做了坏事一举成名的：秦朝末年农民起义军领袖项羽，因为将宏伟的建筑群阿房宫"付之一炬",因而和下令焚书的秦始皇一样被人诟病,他们可说是"一炬(jù)成(恶)名";中国末代皇帝溥仪下台后仍住在故宫,他为了骑自行车,把一些宫门的高门槛锯掉,使自己在自行车爱好者中"一锯(jù)成(顽)名";近年江西有个"官二代"青年,在醉驾伤人遭群众围堵时,大声喊出"我爸是李刚"的雷人名句,使他和他的爸爸(某县公安局副局长)都成了网络名人,这是"一句(jù)成(臭)名"。

老师:成语"一举成名"中的"一举"是指一次科举考试,原指科举时代的士子(读书人)因为中了进士而成名,后来比喻因为成就某事(主要是好事)而一下子出了名,是一个褒义词。你们说的成名故事用到的举、居、剧、拘、炬、锯、句等汉字的拼音都是(ju),只是声调不同,可以用不标声调的"一ju成名"来概括,它有褒有贬,不能都学,"三立"(立德、立功、立言)才是成名的正路。

"文不对题"与"名不符实"

小智:《西游记》中的唐僧奉唐太宗的圣旨,到西天大雷音寺取大乘佛法真经,这明明是"因公出差"。可是著名作家吴承恩老先生为这件事写的"纪实文学",却取了一个《西游记》的书名,说他是到西方去游山玩水,这是典型的"文不对题"。

小明:你说得有道理,这使我想起了一件事:有一次我爸爸随市里的一个"考察团"到西方国家去"取经",回来后我问他到了哪些地方,他说到了法国巴黎圣母院、德国科隆大教堂、意大利水城威尼斯等,都是一些著名旅游景点。明明是到欧洲去游山玩水看古迹,却偏偏取了去西方国家"取经"的名头,这与吴承恩写的《西游记》正好相反。

小敏:两个"西游"的"收获"也相反:唐僧"西游"14年,取回"真经"5048卷;市"考察团"西游14天,送去"真金"50.48万元!不过也有一点相同:都是"名不符实"!

有权不（会）用……

小明：我家隔壁的老张是国营小厂奉公守法的厂长，儿子是他厂里的一般工人，他退休后工厂转制时儿子下岗，有些人说他是"有权不用，过期作废"。

小智：我家隔壁的老李在职时是个很会"用权"的局长，不仅自己搞得家道富足，子女、亲属安排妥当，还照顾、提拔了一批朋友和下属。退休后依旧"门庭若市"，上门"请教"、探望、孝敬的人不断，旁人说他"行得春风有夏雨"，是"有权会用，过期也不作废"！

小敏：我家隔壁的老王是个"油水足"单位的现职领导，是个"死脑筋"，家庭经济不宽裕，却"六亲不认"，家属、亲朋沾不到他的光。有些人说他"傻"，是"有权不用，不过期也作废"。多数人（特别是爷爷一辈）对他很佩服，说他并不是"有权不用"，而是"权为人民所用，利为人民所谋"，是政府有权不谋私利的好干部，"最好能多一些这样的'傻子'"。那些用权谋私利的干部，是背后被人诟病、败坏党和政府声誉的罪人！

别学孙悟空的坏榜样

小明:为什么在旅游景区随处小便、乱涂"×××到此一游"等恶习屡禁不止?

小智:那是学孙悟空的坏榜样。《西游记》第七回记载:如来佛祖说孙悟空跳不出他的右手掌,一个筋斗能翻出十万八千里的孙悟空不服,将身一纵,"一路云光",直到五根肉红柱子撑着一股青气的"天尽头"才打住,他以为已经跳出如来佛的手掌心了,为了留下"证据",就用浓墨在中间一根肉红柱子上写了"齐天大圣到此一游"一行大字,又在第一根肉红柱子根下撒了一泡猴尿。这是中国人乱涂"到此一游"和随处小便陋习的最早正式记录。

小敏:现在一些"追星族"喜欢不加区分模仿"明星"的言谈举止、服饰打扮、习惯爱好……使一些低级无聊的行为甚至陋习、恶行流传。孙悟空有些行为(如随处大小便)在"猴类社会"中是正常现象,他不知道在人类社会是陋习,不能怪他;可他又是中国人（特别是青少年）心目中的大英雄、大"明星"，影响特别大，学他好榜样（勇敢机智、爱憎分明、敢作敢为等）的人很多，起了好作用；学他随处小便、乱涂"到此一游"之类坏榜样的人也不少，流毒甚广。

老师：这是"明星效应"。作为公众人物的"明星"要考虑自己的社会责任，注意自己的言行举止，以免影响"粉丝"，形成负面影响，自毁良好、正面形象。青少年则要提高鉴别能力，"择善而从"，学好思想、好榜样，不学坏榜样。政府管理机构、群团组织和社会舆论应高度关注，正确引导。

科学、幻术和骗局

小明：中国古代有人能"口吐字画"：喝一口水喷到空白的墙壁上，会出现一幅山水画！其实这个幻术，是在表演前用五倍子浸水的溶液，在墙上画一幅山水画，水干后画隐去不见，表演者含一口皂荚水对着狂喷，画面就会重新出现。这类幻术现代报刊也有报道：有自称能捉鬼擒魔的骗子，用类似五倍子浸的溶液，在黄纸上画蛇蝎鬼怪形象或书写文字，事先或当场放在人畜不宁农家的阴沟、水洼甚至水缸中，说他"算"出那农家有蛇蝎鬼怪作祟，然后装神弄鬼把它找出毁掉，以帮主人"消灾避祸"骗取钱物。

小智：有些邪教也用现代科技骗取信徒信任。20世纪80年代，我家一个乡下亲戚，在参加"中华智能功"的培训班时，看到"高层次信徒"表演的"特异功能"：把一块条石放在桌边上，他运气一掌把它劈断、击碎（硬功）；在水泥平地上的长方形木框中，撑满折成等高波浪形的硬纸板，上覆一块木板，他稳稳地站在木板上（轻功）；口中念念有词，突然把手伸进锅中的沸水中（赴汤蹈火）。这些"神技"使他心服口服！

小敏：这些"特异功能"，在我们学校每年一届的"科技节"中都曾表演过，表演的老师或学生最后提示的"奥秘"是："硬功"劈的是一种易碎的具薄叶状或薄片状的黏土页岩条石；"轻功"中用的波浪形硬纸板和木板一道，把人体重量均匀地传到与木框一样大的地面上，每一点上的压强并不大，足以承受人体重量；"赴汤"中的沸水，是用一种化学溶液稀释而成，它的沸点不到50℃。还有"隔墙看物"，是利用墙上气窗玻璃的反光和安装在暗处镜子的反射原理等。

老师：学过物理、化学等知识，我们知道，这些不过是骗局。现在在文盲半文盲群众中，还有一些人迷信、糊涂，容易上当受骗，你们要努力掌握现代科技和先进文化，为建设国家和进行科普宣传、提高全社会文明程度做贡献。

奶粉染毒，殃及驯鹿

小智：2008年查处的有毒奶粉（不法分子用掺了三聚氰胺的毒牛奶制成）事件，不仅毒害了数万婴幼儿、使生产厂家和经销商损失惨重、影响了国际声誉，还殃及无辜，使温顺可爱、被主要生产厂家选作厂标的驯鹿，身价跌入空前的低谷。

小明：低到什么程度？

小智：最后按头论价，三头驯鹿卖三元钱！

小明：一头鹿不如一只兔子，谁愿卖、谁敢买？

小敏：开始时厂家愿卖，没人敢买，经有关领导机构动员、协调并一再削价后，才由一家名为"三元"的奶品公司，买下因生产毒奶粉而破产的"三鹿"奶粉厂："三元"买"三鹿"，平均一元买一鹿。

小明：这下养鹿专业户可惨了，真是"城门失火，殃及池鱼"，可谓祸从天降躺着中枪。

小敏：应当说"奶粉染毒，殃及驯鹿"。这是一场由犯罪分子泯灭人心、不法商人丧失诚信和政府监管部门缺失责任心酿成的悲剧。

喜庆的"福"字应该正贴

小明:春节将到,我家隔壁的小老板又在大门上、商店的柜窗和店堂里,把大红的烫金的"福"字贴或挂反了,变成一个连《康熙字典》里也找不到的"𥛝"字,叫人看着别扭,很不庄重。他说因为"倒"(dào、dǎo)和"到"(dào)谐音,"福倒"就是"福到",说明幸福、财气到了自己的家里和店里,是讨了个好兆头。

小智:"福"字不该倒贴或倒挂,因为"倒"和"到"歧义,"到"是得到、达到的意思,"倒"是倒下、颠倒(翻转)和倒掉的意思。把福"倒掉"是有福变无福;让福"倒过来",是使福变成"祸"。把"福"字倒贴或倒挂,可能是有福丢福,甚至是祈福得祸,不是好兆头!只有把"福"字正贴、正挂,说明幸福、财气到了这户人家或商店,才是个好兆头。

小敏:在中国,春节贴"福"字求吉祥的习俗由来已久(宋代叫"迎春牌"),原来的"福"字都是正贴、正挂,只有在水缸、土箱子(垃圾箱)、柜门上才倒贴,意思是把里面的东西倒出来或倒过来以后,"倒福"就变成"正福":"倒掉""倒福"得正福,"倒福""倒过来"是正福——这符合数学原理:减去一个负数等于加上(得到)一个正数,负数的相反数是正数,这个想法是正确、合理的。

老师:汉字是形、音、义的统一体,"福"字拆开来,"示"表义"畐"表声。"示"意祝祷神助,"畐"意一人有其田,吃穿不愁就是"福"。"到"和"倒"同音异形而歧义,小智说的可能有点偏激,但确有道理。在喜庆节日贴或挂"福"字和其他吉祥物,可以增加节日欢乐气氛,同时借以祈福求财,符合人们的心理,是个好传统,但要注意选好张贴的地方和方法,不要弄巧成拙。研究中国传统文化和民俗学的著名专家冯骥才先生(中国民协主席)曾大声疾呼:在大门这样庄重、恭敬、迎福纳福的地方,"福"字必须要正贴,以示郑重不阿、端庄大方,要坚持中国"门文化"和"年文化"的优良传统。

鹬蚌相和,双赢互利

小明:我发现在"鹬蚌相争,渔翁得利"的故事中有个漏洞:鹬鸟的长嘴被河蚌死死夹住,怎么能先开口发话威胁对方?

老师:对,我也有这个疑问,同时感到它们涉险脱困后应吸取教训,所以改写了后半段,编成"鹬蚌相争"的另一个结局。

话说鹬鸟用尖嘴啄住河蚌的肥肉时,河蚌立即把蚌壳闭合,紧紧夹住鹬鸟细长的尖嘴,它们紧咬牙关,都想在持久战中置对方于死地。首先遭到攻击的河蚌恨恨地说:"我今天不松开你的嘴,明天不松开你的嘴,把你饿死、困死,让你成为河边的一只死鹬!"当河蚌张开蚌壳大声说话时,鹬鸟因为被夹住的长嘴得到"解放"而满心欢喜,得意地张嘴大声说道:"如果今天不下雨,明天不下雨,把你渴死、晒死,叫你变成岸上的一只死蚌!"这时河蚌感到被啄处疼痛顿消,因而信心倍增,正要出口反驳时,它们突然都看到有个头戴斗笠、身背鱼篓的老渔翁急步走来,伸手想抓它们,说时迟那时快,鹬、蚌都顾不上斗嘴逞能,一个赶快振翅高飞,一个立即翻身滚落河中,双双逃脱了被抓的厄运。据说鹬、蚌事后都各自进行反省,认识到它们不该自相残杀,差一点两败俱伤,应该以和为贵,主动退让。有道是鹬蚌相争,渔翁得利;鹬蚌相和,双赢互利;错一步"履薄临深",退一步"河阔天空"。

小敏:老师编的故事可能是真的。自从汉代刘向介绍了他"亲见"的"鹬蚌相持,渔翁得利"的悲剧后,直到现在再也没有看到同类的报道,说明老鹬、蚌和它们的后代已经吸取了教训。倒是自认为聪明的人类,却仍旧不断上演一幕幕"鹬蚌相争"让渔翁得利的悲剧。建议人们向已经吸取教训的鹬、蚌学习,建立和谐相处、双赢互利的人际关系。

下棋找高手，弄斧到班门

小智：成语"班门弄斧"，比喻一个人在内行人面前卖弄本领，不自量力，是个贬义词。我认为木匠新手有勇气在祖师爷鲁班面前表现自己的技艺，和学生在老师面前提出不同的解题方法一样，都应该受到表扬。大数学家华罗庚曾经说过："下棋找高手，弄斧到班门，这是我一生的主张；只有不怕在能者面前暴露自己的弱点，才能不断进步。"

小敏：华罗庚原是初中毕业的杂货铺店员，靠自学成才，19岁时就敢挑战大学教授，写了《苏家驹之代数的五次方程解法不能成立之理由》一文，受到"数学界的伯乐"熊庆来教授的赏识，破格让他到清华大学边学习边工作（曾任助教、讲师、研究员）。26岁时出国留学，他不攻读学位而做一个"访问学者"，自主钻研多个数学分支，他一生在多个数学领域做出贡献。新中国一成立，他立即放弃在美国普林斯顿大学的教职回国效力，曾任中国科技大学副校长，中国科学院数学所所长、副院长，中国科协副主席,全国政协副主席,并以全票当选美国科学院外籍院士。他的学识、人品,都是我们青年人学习的榜样。

老师:同学们要学习华罗庚刻苦自学和敢于"下棋找高手,弄斧到班门"的"自逼"精神。学问学问,既要学又要问,要敢于和善于与别人切磋琢磨甚至争辩。对自己三思不得其解的问题,要多与同学和老师交流;对所谓"差生"要不耻下问("愚者千虑,必有一得")和不吝共享(让对方少走弯路);向老师和学习好的同学请教,可以解惑或使自己的想法得到验证和完善。既要排除自我炫耀的心理,又要不怕暴露自己的弱点。

* 1985 年 6 月 12 日,在东京国际学术会议上,刚做完精彩报告,75 岁的世界数学巨星华罗庚突然倒下,实践了他"工作到最后一日"的诺言。

只考一门如何？

小明：江苏省刚实行高考只计"语、数、外"三科总分的政策时，同学们以为学习负担可以减轻了，结果空欢喜一场。

小敏：减少考试科目不一定能减轻学生的学习负担。中国历史上实行的"科举制度"，三年一次开科取士都只考一门语文，而且不考语音、语法、修辞等语文基础知识，只考一篇命题作文（实际只考"半门"语文课），可是参加的"考生"们"十年寒窗"，仍旧苦不堪言。有的人一再"复读"，考到胡子白（清康熙三十八年广东老秀才黄章，102岁时由曾孙引导入乡试考场）也不一定能考取功名。

小智：对，减轻学生负担要从改革选才制度找出路，改变"人才＝知识＝考分"的旧观念，全面实施素质教育、鼓励创新思维，在改进考试方法、内容的同时，从各方面进行综合治理。不跳出应试教育和一考定终生的框框，减少考试科目很难见实效，还可能出现忽视非高考科目的倾向，不利于学生全面发展。

"标准答案"？！

小明：无锡《江南晚报》2009年10月29日报道，化名周云的网友在博文中说，她写的《寂静钱钟书》一文被选为2009年福建高考语文阅读题，她在"惊诧之余"试做了试题，与"标准答案"对照，在总分15分的3小题中，只做对1道选择题，可拿1分，其余有关"揭示"作者内心真实意图的选择题和"理解文章内涵"的2道问答题都做错了。她感慨出题老师"高超的二次加工艺术"，把她的文章"做大、做强、做好"，以致她这个原作者也答不对题。不知道出题老师的"标准答案"根据何在？

小智：这在高考（特别是文科论述题）中是常有的"憾事"。许多考题答案的选项是不固定的，"标准答案"规定几个"要点"，答到就给分，没答到或另外更准确更全面的答案都不给分，这太武断了，最多只能说是"参考答案"。

小敏：这种做法使高中生不得不猜和背一些通用答案，尽量避免那些精辟独到的"另类"答案，扼杀了学生的创造性，是现代考试评分方法的一大弊端,如果"标准答案"没有抓住真正的"要点"甚至根本就是错的,那就会造成错案、冤案。

老师:对,我就有过这样的亲身经历:我教高三时政课,1991年的全国统考政治卷有道关于"1990年我国粮食总产量"的填空题,这在报上出现过三次:1990年9月下旬的报道中是"预计为4.2亿吨",12月下旬的年终报道为"可达4.25亿吨",1991年1月国家统计局公报中是"4.35亿吨"。我在统计"公报"发表后,特地到各班去说明:"时事"是个动态过程,前两个数据(当时都讲过)是"预计数",正确答案是4.35亿吨。不料(高考发榜半年后才知道)这道题的标准答案是4.2亿吨,据说经阅卷的政治老师交涉后,把不少同学填的4.25亿吨也作为"正确"答案,极少有人填的真正正确的"4.35亿吨"却不予考虑,在全国统考中铸成一个错案、冤案。我的"严谨",致使我校考生因答对这道题而普遍失分,使我感到十分痛心和遗憾。

质疑"选择题"

（一）瞎选得分

小敏：讲一个笑话：有人考试时所有考题都答对，却没有考及格。原来他是个文盲，对试卷上对、错各半的判断题一窍不通，就全部打"√"答"对"，结果得了 50 分。

（二）分类选得"撞对"分

小智：讲一个真话：有次考试，20 个"四选一"的选择题，我只知道 10 个题的正确选项，就先把它们选定；接下来找出有三个错误选项的 4 题，选定余下的唯一选项；其余 6 题在排除个别已知错误选项后，凭直觉随意选定，碰巧选对 3 题，居然得到 85 分，进入全班前 10 名！

（三）想（做）错"蒙对"得分

小明：讲一个真实的笑话：读小学时一次考试，有个"50 支球队进行淘汰赛，决出冠军队总共要赛几场"的填空题，有"25""35""49"三个选项。我不了解竞赛规则，心想得冠军要打败其余 49 支球队,所以选了"49"。其实这个思路是错误的,淘汰赛规则比较复杂,可以作这样简单理解:淘汰赛每打一场,必定淘汰也只淘汰一支球队,"决出冠军队"是只留下一支球队,要淘汰 49 支球队,所以共要打 49 场。我想错却侥幸蒙对得分。

老师:选择题答案正误一目了然,不会因答题思路正误、叙述(计算)详略和阅卷者的主观因素等造成评分差异,而且可以用电脑阅卷,做到多快好省。但它没有解题过程和选择理由,不能真实反映考生的实际水平,以至于闹出你们说的瞎选得分,甚至文盲考到 50 分之类的笑话。出选择题要多一些对错难辨的选项,减少侥幸"蒙对"的机会。

附带说一下:对错二选一的选择题,选对选错的概率都是 1/2,如果共 10 道试题都不会,闭着眼睛选"对"或"错",答对 n 道题的概率为 $1/2^n$。小敏讲的文盲,任意打"√"或"×",得分有 11 种可能,有 6 种不同的概率,其中得 0 分和得 100 分一样,都是 $1/2^{10}=1/1024$,如果有上万个文盲参加考试,说不定在他们中会考出得满分的"状元"。

罚抄 100 遍！

小智：根据巴甫洛夫"条件反射"学说，通过多次重复练习，使记忆神经元（记忆蛋白分子）之间建立牢固的联系，就能使短时记忆变成长期记忆，所以孔子说要"学而时习之"，马戏团驯兽用的就是这个办法。

小明：不一定，多次重复练习，对识字来说，既可能增强记忆也可能加速遗忘。不信？我在小学作文中曾把"凑"字写成"搓"字，老师罚我默写 100 遍，我又气又急（有一大堆作业要做），快速写了 30 个以后就头昏脑涨。后来找了一个窍门：先接连写 70 个"冫"，再在右边连续添 70 个"差"字，把默字变成"拼字"，写到后来，对原来认识的"凑"字反而不认识了。

小敏：重复练习能增强记忆，但重复要有一定的时间间隔，如果连续重复练习，会使记忆神经疲劳，引起思维混乱而影响记忆。也不能光机械重复，要与联想、比较、应用等结合，加深理解才能记牢，所以连续突击强记不如分次练习，理解记忆胜过机械记忆。

老师:大家可以试一下,对一个熟悉的字长时间盯着看或者连续写许多遍后,会越看越不像。这和汉字的认识过程有关:作为语言符号的汉字是一个"图形",它代表一种读音和意义("含义")。它的信息传递过程是人先通过大脑的视觉区感知图形,再进到语言区知道其含义。我们反复学习后,一看到图形,并不仔细分析其构成,脑中立即出现它的读音和意义,也就是思维仅"掠过"图形(视觉)区就进入含义(语言)区,形成条件反射。如果连续重复看或写一个字,大脑兴奋点长时间留在视觉区,就会抑制语言区的认知功能,造成能牢记直观的字形而淡忘比较抽象的字音和字义,这是上述心理现象的生理基础。所以"罚抄100遍"之类的做法是错误的,它折磨学生,会引起反感,而想让学生加强记忆的初衷也会适得其反——加速遗忘。

作者是怎么知道的？

小明：小时候爷爷给我讲"薛仁贵魂游地府"的故事，说唐朝名将薛仁贵是天上的白虎星下凡，一次受伤昏过去后，他的"灵魂"出窍到了阴曹地府，一个老太婆领着他，看他在阳间一生的经历，知道他最后要现出"白虎"原形，被他儿子薛丁山用箭射死。"参观"结束时，"导游"老太让他喝了一碗"迷魂汤"（无锡叫"孟婆汤"），让他把在地府里的所见所闻都忘掉（如不忘掉，到阳间泄露天机要遭到严厉惩罚）。这个故事太离奇了，我当时就怀疑：既然薛仁贵本人喝了迷魂汤已经忘掉"魂游"的事，在阳间写书的人是怎么知道的？

小智：中国古时有"三界"（天上的神仙世界、地上的凡人世界和阴曹地府的鬼魂世界）和生死轮回的观点，认为凡间每个人一生的命运都是前世注定或是上天神佛安排的，好人死了可以升天过好日子，坏人死后要坠入地狱受罪，这些都是"宿命论"观点和迷信的说法，本意可能是劝人为善，但并无科学依据。薛仁贵从天上的白虎星到人间的勇将再到地狱的游魂接受"教育",是小说作者根据"三界"观点虚构的情节,这是糊弄读者,无法查证,不能当真。

小敏:小说作者并没有糊弄人,他最后写薛仁贵喝"迷魂汤"是有意安排的"伏笔",借此告诉读者:书中"魂游"的故事和它表达的"宿命论"等观点都是他编造的,叫你不要相信。

老师:古人说:"为学患无疑,疑则有进","尽信书不如无书",读书要独立思考。神话、童话、动漫作品中有关神仙、鬼怪以及动植物等拟人化的描写,都是借以喻人警世的,并非真有其事,看时要用脑想一想加以鉴别,吸收其益智、劝人为善等精神,摈弃其虚妄、迷信等糟粕,不能全信,以免发生小学生看了腾云驾雾的科幻电影和武侠小说后去模仿跳楼以致摔死之类的悲剧。

直接教员、间接教员、反面教员

小明：我爷爷多次给我讲过日军烧掉我家房屋、南京大屠杀杀死我家一个亲戚和一个族叔在抗战中英雄献身等悲惨、悲壮的往事，现在进行的"毋忘国耻"的教育，更使我对抗日战争全貌的认识提高了一步。

小智：你爷爷是你学中国近代史的"直接教员"。我接受"毋忘国耻"教育，主要是通过历史书、抗战回忆录和电影、电视等。印象最深刻的，是参观"许巷惨案纪念馆"：1937年11月24日，侵华日军"杀"到无锡时，在我们现在学校所在地东亭镇的许巷村，将逃难躲在那里的以及本村村民共223人杀害，20年后，大雨天翻开杀人现场的砖场时，还能看到淡红色的血水，真是太惨、太残酷了，这些都是我学中国抗战史的"间接教员"。据统计，抗战八年中，无锡市军民伤亡共50541人。

小敏：抗日战争胜利70年了，对我们这些没有亲身经历抗战的年轻人来说，那段间接获得的记忆已在慢慢淡忘，对我们不断进行"继续教育"的，是日本右翼势力，他们拒不承认侵略罪行，年年去参拜供奉在"靖国神社"中侵华战犯的幽灵，否认"南京大屠杀""慰安妇"和掳掠奴役劳工等历史罪行，甚至支持"台独"、侵占我神圣领土钓鱼岛、解禁集体自卫权、扩军备战，妄图重写侵华罪恶历史。他们是我们的"反面教员"，时时提醒我们"毋忘国耻"。

老师：习近平总书记指出："忘记历史意味着背叛，否认罪责意味着重犯。"我们要牢记历史，发奋图强，为实现中华民族伟大复兴的中国梦、为维护人类和平与发展的崇高事业而奋斗。

对老师的称呼"每况愈下"

老师：北洋军阀头子，当过81天"洪宪皇帝"的袁世凯，年轻时参加科举考试屡试不第，他嗣父袁保庆的好友、淮军将领吴长庆延请状元张謇（字季直）做他的老师。张謇对他要求严格，毫不客气地指摘其文章过失，袁对此非常痛苦和反感，决心弃文从戎，张謇得知后，劝吴长庆授以武职，袁世凯因此崭露头角，张謇是他的严师和恩师。

小明：对，所以袁世凯对张謇十分恭敬，致书称"夫子大人函丈"。因为孔子曾为鲁国大夫，他的学生称他为夫子，这是学生对老师的尊称。

小智：我从《原来如此》（文汇出版社出版）一书中看到，随着袁世凯权势的上升，他对张謇的"恭敬"不断下降，到他升任封疆大吏山东巡抚时，致书张謇竟直呼其名，改称"季直先生阁下"。先生是对人泛用的客气称呼，连算命、看风水的都称先生，不是尊敬长辈的称呼。

小敏：对，袁世凯的官位愈高，张謇在他心目中的地位愈低，到他官居手握重兵、受朝廷倚重的直隶总督后，致书竟称张謇为"季直我兄"！张謇怫然不悦，回信说："夫子尊称不敢，先生之称不必，我兄之称不像。"袁世凯看了知道不妥，写信推托说那是秘书所为，此后写信仍称"夫子"。

老师：袁世凯对老师的称呼"每况愈下"，说明他不是一个懂礼貌的学生。请你们想一想，如果张謇逆来顺受，没有回信表示不满，在袁世凯当了"洪宪皇帝"，有事召见张謇，诏书上会用什么样的称呼？

课本中的谬误

小智：网帖"课本中的谬误"一文披露，小学教材中曾有一些误导学生的内容，如说爱迪生 7 岁时曾用平面镜将几盏油灯的反光汇聚在一起，使医生在明亮的灯光下为他的母亲做阑尾炎手术。据医药史记载，最早的阑尾炎手术是 1886 年，生于 1847 年的爱迪生 7 岁时，他母亲不可能做阑尾炎手术。即使在现在，在油灯反射光的"有影灯"下，也无法做手术！

小明：我在小学时听老师讲过，课文中曾记载有一位外国宇航员说：他在宇宙飞船上，从天外能用肉眼辨认地球上唯一的建筑物，是中国的万里长城。我听了为我们的祖国感到骄傲。可"课本中的谬误"一文提出疑问："长城宽度不足 10 米，在 20 千米外就很难分辨，如果从月球上看到长城，相当于在 2688 米外看到一根头发丝，这显然是不可能的。"

小敏：小学课本中还曾有"乌鸦反哺"的故事，说两只小乌鸦长大后不忘母亲养育之恩，捉了虫子给已经飞不动、无法觅食的母亲吃,用这个故事,对小学生进行"孝道"教育。可是这个传说只在《本草纲目》等书中提及,生物学已经证明乌鸦没有这种习性,"课本里的谬论"一文指出:"将鸟类的这种虚构的行为模式解释为报答母恩,是一种道德绑架。"

老师:类似的谬误在其他教育材料中也有,如说中国铁路工程先驱詹天佑,曾发明火车车厢间碰撞式的自动挂钩,被命名为"詹氏挂钩"。我以前看到后也很高兴,还曾向学生介绍过。后来在《原来如此》一书上看到,詹天佑知道这种自动挂钩是一个美国人发明的,曾几次指出说他发明是误会,我也是以讹传讹。

中国人普遍认为"书上说的"都是对的,特别是缺乏判断力的小学生,会把教科书中不正确的内容也牢记于心。教材和教师是对学生"传道、授业、解惑"的主渠道;"内容正确"特别重要。你们学习也要养成独立思考的习惯,对书上说的要联系实际想一想是否真有道理,这样做不仅能减少谬误,同时能加深理解和记忆。

忠 告

学期结束时同学相互提的意见中有:小明待人热情,回答问题反应快,学习认真但有些复杂问题深究不够;小智数学好,逻辑思维强,博览群书,知识面宽,但有时看书太杂,应有所取舍;小敏看问题较全面、深刻,常有真知灼见,但论人论事要肯定基本面,不能动不动"亦此亦彼",以免诡辩之嫌。

老师:希望坚持优点,克服缺点,各送四字供参考。

小明"学须深钻":

  走马仅观花隐现,蜻蜓难掂水深浅。

  要得虎子入虎穴,想揽明月上九天。

小智"学须选择":

  莫学填鸭囫囵吞,别作书柜添库存。

  选得花蕊采花蜜,淘去黄沙拣黄金。

小敏:"思须有涯":

  造化无穷天无界,梦蝶飞天思无涯。

  是非正误莫骑墙,事显物现有常态。

拾贝篇

麦克阿瑟的"后见之明"

("一字千金"之五)

小明:2012年3月10日,中央电视台二套"一锤定音"文物拍卖会上,近代海派美术书法大师吴昌硕的一幅仅21字的石鼓文书法作品以99万元成交。平均一字4.714万元,当时可买200克(4两)黄金,令人咋舌。

小智:现在经济发展,搞文物收藏的人多了,这些已经作古名家的作品,价格还会上升,可能出现一字值千两黄金、让你吓一跳的拍卖价!

小敏:"一字千两黄金"还算不上最高价,历史上早有一个汉字标价1000千克黄金的世界纪录。

小明:那是什么字?

小敏:1950年美国出兵朝鲜时曾担心中国出兵援朝,当时欧洲的德林公司组织力量进行研究,写出380页的报告,结论是

"中国将出兵朝鲜"7个汉字，打算以500万美元将这个研究成果卖给美国对华政策研究室，美国没有接受。侵朝美军总司令麦克阿瑟在战争失败后评论说："我们最大的失策，是舍得几百亿美元和数十万美国军人的生命，却吝啬一架战斗机的代价。"根据金价和汇率推算，1950年3月，中国每克黄金价相当于0.724美元，500万美元可买黄金6906100克，"中国将出兵朝鲜"七个字平均一字要价986.6千克≈1000千克（1吨）黄金！当时交易虽未成功，但在战后美国反对党为了在国会中责问政府，仍花280万美元（相当于一字1100斤黄金的代价）向德林公司买下这份过时的报告。一个汉字=1100斤黄金，超过"黄金万两"！这是世界上一个汉字正式成交价的最高纪录。

老师："千金"是指中国曾经流通过的什么货币单位，历史上只有秦以一镒金（20两或24两）为"一金"，汉朝规定"以一斤金为'一金'，值万钱"（《汉书·食货志》）。但秦汉时的金多指黄铜，"千金"就是"千斤黄铜"，与小敏讲的过期打折成交的"中国将出兵朝鲜"每个汉字价值1100斤真黄金不可同语。

最好的演说词

小智：历史上有不少重要的使听众受到鼓舞、得到听众热烈欢迎的演讲，在第二次世界大战中就有：1940年6月4日，在敦刻尔克大撤退后，丘吉尔在英国下议院宣布："无论代价几何……我们永不投降"；在贝当政府投降德国后，1940年6月18日，法国戴高乐在伦敦发表演说："无论发生什么，法国抵抗的火焰绝不能熄灭，也绝不会熄灭！"1941年11月7日，德军兵临城下，在莫斯科举行阅兵时，斯大林在演说中重申"党和政府有信心一定能够消灭德国法西斯侵略者"，受阅部队直接从红场开赴战场，取得了莫斯科保卫战的胜利。

小敏：重要、精彩的演说还有：1883年3月17日，恩格斯"在马克思墓前的讲话"："当代最伟大的思想家马克思，发现了人类历史的发展规律"和"资产阶级社会的特殊的运动规律"；美国第16位总统林肯，1886年1月颁布《解放奴隶宣言》时的演说："所有被视作奴隶的人立获自由并于以后永保自由"；1916年2月4

日,印度圣雄甘地,在贝拿勒斯梵文大学对王公贵族、名流政要讲的"除非你们摘去身上的珠宝……否则印度无法获得拯救";1949年10月1日,毛泽东主席在天安门城楼上庄严宣布"中华人民共和国中央人民政府成立了",宣告占世界四分之一人口的中国人民站起来了;1963年8月28日,美国黑人民权运动领袖马丁·路德·金在林肯纪念堂前对20多万人发表"我有一个梦想"的演说,希望在美国真正实现"人人生而平等",促使国会立法取消"种族隔离"政策。

小明:你们讲的都是重要人物在重要会议上做的关于重要事件受到热烈欢迎的演说,我经过广泛搜集、严格筛选和多次验证,发现世界上最受欢迎的演说词是:"我的话完了,谢谢大家!"不论会议是什么内容、何种级别,也不管发表演说的人是什么身份,只要讲到这两句话时,全场一般都会"热烈鼓掌"。

"每逢万寿祝疆无"

(奇联巧对选之三)

老师:1904年,慈禧太后大搞七十寿庆活动,上海《苏报》刊出据说是章太炎写的"赠庆"寿联:

今日到南苑,明日到北海,何时再到古长安?叹黎民膏血全枯,只为一人歌庆有;

五十割琉球,六十割台湾,而今又割东三省,痛赤县邦圻益蹙,每逢万寿祝疆无。

此联反映了慈禧当政三个十年中国一部分屈辱历史:1879年日本武力吞并琉球(原清朝属国,现冲绳县);1895年《马关条约》将台湾割让给日本;1900年八国联军侵占北京时,慈禧逃往西安(古称长安);1900年以后,东三省沦为沙俄的势力范围……割地赔款使中国国土(赤县邦圻)"益蹙(收缩)",黎民"膏血全枯",而慈禧却大搞五十、六十、七十寿庆!联中把"万寿无疆"变为"疆无",是对慈禧和清政府的深刻讽刺、控诉和谴责,也是对国民"毋忘国耻"的号召。

小智:我在一本揭秘史实的书上看到,清末的北洋舰队曾是亚洲最强的舰队,日本为了侵华,定下大力发展海军的国策。慈禧为了六十寿庆扩建颐和园,挪用几千万两海军军费,使李鸿章早就看中的英国最先进的巡洋舰被日本买去,就是那艘在甲午海战中八面威风的吉野舰。为了买这艘巡洋舰,日本天皇的皇后捐出了自己的首饰,这与慈禧的所作所为形成鲜明的对比。

小敏:日本皇后捐首饰强军精神可嘉,但捐资强军被用来侵华杀人,可悲、可恶;慈禧挪用强军拨款搞寿庆,误国害民,可耻、可恨!

"退避三舍":"诚信""阴谋""智慧"?

小明:晋国公子重耳逃亡途中受到楚国隆重招待,曾对楚国国君做出"将来如果我返回晋国,愿意两国修好。如果迫不得已两国交兵,我一定'退避三舍'(三十里为一舍)"的承诺。公元前634年晋、楚两国为了宋国发生武装对峙时,诚实守信的重耳主动后退90里。楚成王"跟踪追击",发生了城濮之战,结果楚国大败。

小智:重耳"退避三舍"不是"诚实守信",而是一个精心设计的阴谋。当时楚国联合陈、蔡、郑、许四小国的军队讨伐原附楚后投晋的宋国,重耳(晋文公)率领晋国和齐、秦军队攻占依附楚国的曹、卫两国以救宋,两军在曹对阵。因为当时楚强晋弱,又在占领不久,地利人和对晋军不利的曹国,所以重耳决定主动后退90里,到前临黄河、背靠太行山的城濮布防备战,表面上说是兑现对楚国先王"退避三舍"的诺言,实际上是为了既避开不利环境,又通过对楚军示弱,使楚国骄傲轻敌,还私下答应曹、卫复国，离间它们与楚国的关系，是个"一石三鸟"的大阴谋。

小敏：是晋文公的大智慧。"退避三舍"是他在敌强我弱情况下实行有计划的主动撤退，是避开强敌，寻找战机，以退为进的"走为上计"。他在城濮设伏待敌，先用精锐部队战胜敌军薄弱的两翼，然后猛攻中路取得全胜，城濮之战是中国历史上以弱胜强的著名战例，晋军的指挥符合孙武（孙子）"上兵伐谋"（两强相争智者胜）的原理，晋文公用高超的谋略（"兵不厌诈"，谈不上"阴谋"），达到小智说的"一石三鸟"的目的，从而战胜强敌。是既得胜，又得理（先礼后兵、"被迫"应战），更得名（"诚实守信"），是个"一退三得"的智慧杰作，晋国从此转弱为强，终成霸业。

鸡兔同笼问题的中国古代解法

老师:一个笼中的鸡和兔子共有 35 个头,94 只脚,笼中有鸡兔各几只(用算术解法)?

小明:假设笼中全是兔子,则应该有 35×4=140 只脚,比实际脚数多出 140-94=46 只,这是由每只鸡多算了两只脚造成的,所以鸡有 46÷2=23 只,兔子有 35-23=12 只。运算式子为 (35×4-94)÷(4-2)=46÷2=23 只鸡,35-23=12 只兔。如果假定笼中全部是鸡,运算式子为 (94-35×2)÷(4-2)=(94-70)÷2=24÷2=12 只兔。35-12=23 只鸡。

小智:这是我国约 1600 年前的《孙子算经》中一个著名问题:"今有雉(鸡)兔同笼,上有三十五头,下有九十四足。问雉兔各几何。"《孙子算经》用的算术解法是:脚数的一半减头数(94÷2-35=12)为兔数,总头数减兔头数(35-12=23)为鸡数。其思路是:假定笼中全部是鸡,"脚的半数"就是鸡的头数,可现在笼中少了 12 个头,说明笼中有 12 只"四脚鸡",所以这个差数就是兔子的头数。用代数符号表示：设鸡、兔分别有 x 只和 y 只，共有 $2x+4y$ 只脚和 $x+y$ 个头，那么就有 $\frac{2x+4y}{2}-(x+y)=x+2y-x-y=y$（兔）；$(x+y)-y=x$（鸡）。这个解法比小明的解法更直接、自然，也合乎逻辑。说明古人很聪明。

小敏：这道题古代也有多种解法。可以用总足数减去两倍头数的一半得鸡数，总头数减去鸡数得兔数。用代数符号表示：$[(2x+4y)-2(x+y)]\div 2=2y\div 2=y$；$(x+y)-y=x$。也可用"总头数的4倍减去总足数后所得差的一半是鸡数，总头数减鸡数为兔数"，这就是小明的现代解法。它们的思路和代数符号表示法请同学们考虑。

老师：上述鸡兔同笼问题的中国古代算法、现代算术解法和代数解法，思路、算式不同而原理、结果相同，可说是今古相通、中西同理。

《周易》"八卦"与二进位制记数法

老师：中国古籍《周易（"易经"）》中的"八卦"，是由阳爻"—"和阴爻"--"组成的八种基本图形，每卦由三爻组成，名称是：一乾(☰)二兑(☱)三离(☲)四震(☳)五巽(☴)六坎(☵)七艮(☶)八坤(☷)，主要象征天、泽、火、雷、风、水、山、地、八种自然现象，每卦又象征多种事物，古代用于占、卜。八卦可记为"乾三连、坤六段；震仰盂，艮覆碗；离中虚，坎中满；兑上缺，巽下断"。

小智：中国是十进制（商朝甲骨文自然数记数即采用）和二进制记数法的故乡。电子计算机用的二进制记数法只有 0 和 1 两个符号，逢二进位，世界上最早出现的就是"八卦"，其中阴爻"--"代表 0，阳爻"—"代表 1，"八卦"分别表示 0 到 7 八个十进制自然数（三爻次序自下而上）：

十进制	0	1	2	3	4	5	6	7	8	9	10
二进制	0	1	10	11	100	101	110	111	1000	1001	1010
八卦	000	001	010	011	100	101	110	111			
	☷	☶	☵	☴	☳	☲	☱	☰			

小明：据说17世纪提出二进制记数法的德国数学家莱布尼兹，看到传教士从中国带回的拉丁文版《伏羲六十四卦方位图》，发现由八卦两两组合成的六十四卦，用的就是二进位制，每卦六爻，次序自下而上，可以表示从 $0[坤卦 \; 000000_{(2)} = 0_{(10)}]$ 到 $63[乾卦 \; 111111_{(2)} = 63_{(10)}]$ 的64个自然数。如我和爸、哥三人的年龄14、41和18就分别是兑上艮下的咸卦( )$001110_{(2)} = 14_{(10)}$、艮上离下的贲卦( )$101001_{(2)} = 41_{(10)}$ 和下坎上坎的坎卦( )$010010_{(2)} = 18_{(10)}$ 等等（每卦六爻次序自上而下计数，64

卦也能表示前 64 个自然数）。这使他对中国古代文明十分佩服，甚至传说他曾写信给康熙皇帝，表示愿意做中国臣民。

小敏：对莱布尼兹发明二进制记数与《周易》八卦的关系，有两种观点：一种是《中国科学技术史》的作者，英国人李约瑟（剑桥大学教授）认为，莱布尼兹是受到八卦图和《周易》的启迪才完成他的创造的，因此认定二进制应起源于八卦和《易经》。另一种观点认为两者没有关系，是莱布尼兹在 1679 年完成《二进制数学》初稿后，写信给法国在中国的传教士白进，信中说明二进制的原理，是白进阅读后发现二进制和中国的六十四卦图有异曲同工之妙。我认为不管莱布尼兹是事先得到《周易》八卦的启发，还是事后得到《周易》的证实和鼓舞，都说明中国在世界上最早采用二进制记数法，是二进制记数法的故乡。

老师：《伏羲六十四卦方位图》是北宋哲学家邵雍（1011—1077）创作的，他比莱布尼兹提出的二进制记数法早六个世纪。

任意三角形都等腰？ 直角＝钝角？

小明：我从一本《少年百科全书》中看到"任意三角形都等腰"的证明：在附图一的△ABC中，作顶角 C 的平分线和底边 AB 的垂直平分线相交于 E 点，从 E 作 AC 和 BC 的垂线 EF 和 EG，连接 EA 和 EB。由∠1 = ∠2，∠3 = ∠4 和共同的斜边 CE，可得△CEG≌△CEF，从而

　　　　CG = CF 和 EF = GE⋯(1)

∵ ED 是 AB 的垂直平分线，

∴ EA = EB，∵ ∠5 = ∠6，EF = EG，

∴ △AEF≌△BEG，

　　　　FA = GB⋯(2)

由(1)、(2)可得：CA = CF + FA = CG + GB = CB，所以△ABC是等腰三角形！

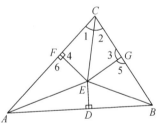

附图一

小智：你介绍命题的结论肯定不对。本题证明的前提是三角形的顶角平分线和底边中垂线要相交于三角形的内部，可在

无等边的三角形中,如果准确作出∠C 的平分线和 AB 的中垂线,交点 E 一般都在三角形的外部。

小敏:用不准确的作图,还可以证明直角等于钝角。作任意矩形 ABCD,在它外部作 EB = BC = AD,作 DE 和 AB(它们不平行)的垂直平分线相交于 P,连接 AP、BP、DP、EP,由于 PE = PD、PB = PA,BE = AD,∴ △BPE ≌ △APD,∠EBP = ∠DAP,∵ ∠PAB = ∠PBA,∴ ∠DAB = ∠EBA(等量减等量),也就是一个直角等于一个钝角!

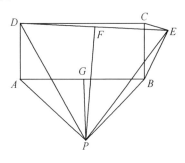

附图二

如果用正确的作图,就可发现 PE 并不通过矩形 ABCD 的内部,所以这个证明和结论不正确。

老师:这两题说明准确作图很重要,它可以帮助我们准确理解题意,找出正确解题的思路,避免或减少错觉造成的错误。

理发师给不给自己刮脸？

老师：有个逻辑推理问题：有位乐于助人的乡村理发师，说他愿意"给村里所有不给自己刮脸的人刮脸，同时声明他只给不给自己刮脸的人刮脸"。请问他给不给自己刮脸？

小明：这个问题很难回答，如果他不给自己刮脸，是个"不给自己刮脸的人"，他应当给自己刮脸；如果他给自己刮脸，由于他声明"只给不给自己刮脸的人刮脸"，他就不应当给自己刮脸！

小智：可以刮。如果理发师原来未给自己刮过脸，属于他承诺为之刮脸的人群，那他为自己刮脸，是既兑现承诺，又不违反自己规定的原则。

小敏：不可刮。即使理发师过去从未为自己刮过脸，那他也只有为自己刮脸的第一刀才"既是履行承诺又不违反自己规定的原则"，但他因此成了"已为自己刮脸"的人，如果再刮第二刀，他就是在"为自己刮脸的人刮脸"，违背了自己规定的原则，所以理发师不可为自己刮脸。

老师：今天说的是个著名的"悖(bèi)论"。

（如果承认一个命题 A,可推出 ¬ A(非 A);反之,如果承认 ¬ A,又可推出 A,就称命题 A 为悖论）。1901 年,英国数学家、哲学家罗素发现作为数学基础的集合论有个漏洞,提出著名的"罗素悖论":有些集合(如集合{0,1,2 = 3}中的"3")不以自己为元素,有些集合(如"所有集合的集合")以自己为元素。请问"不以自己为元素的集合的集合"是不是自己的元素？如果它以自己为元素,那它就不符合该集合元素的定义,不该作为自己的元素;如果它不以自己为元素,那它符合该集合元素的定义,应当以自己为元素。于是陷入了两难境地。"罗素悖论"动摇了数学的基础,造成"第三次数学危机",由此推动了集合论从朴素的形式走向公理化,重铸了数学的基础。"理发师悖论"是"罗素悖论"的通俗化模型之一,用浅显的事例,帮助理解"罗素悖论"。

这里再说两个悖论。

（一）古希腊哲学家欧几里得提出的"说谎者悖论"："我正在说的这句话是谎话。"若认为这句是真话,那它就是一句谎话;如认为它是一句谎话,那它就是一句真话,它究竟是真话还是谎话？

（二）"强盗的难题"。强盗对劫持的商人说："你说我会不会杀掉你？如果说对了我就放了你,绝不反悔;如果说错了我就杀死你。"商人回答："你会杀掉我的。"使强盗很为难:若杀,那商人是说对了,应该放;若放,那商人说错了,应该杀。无论杀与放,都与自己的许诺矛盾。

先有鸡还是先有鸡蛋？

老师：有个老问题：在"鸡生蛋，蛋生鸡，鸡再生蛋，蛋再生鸡"的系列中，究竟是先有鸡还是先有鸡蛋？

小智：不同的定义有不同的答案。如果只有鸡生的蛋才叫鸡蛋，那就是先有鸡后有鸡蛋，孵出世界上第一只鸡的蛋不是鸡生的，不叫鸡蛋；如果定义能孵出鸡的蛋也叫鸡蛋，那就是先有鸡蛋后有鸡，孵出世界上第一只鸡的蛋虽然不是鸡生的，它也叫鸡蛋。

小明：在不同的范围有不同的答案。在世界上有了鸡以后的"鸡类社会"中，如果把鸡生蛋、蛋生鸡、鸡和鸡蛋互生的无穷系列切成片断，那么先有（上一代生蛋的）鸡后有（现在的）鸡蛋，和先有（上一代鸡生的）鸡蛋后有（现在的）鸡两种答案都正确。

小敏：如果问题不限于"有始无终"单向系列的"鸡类社会"，而是指整个地球或动物界，那么正确答案应该是"先有鸟蛋后有鸡"。根据进化论的学说,鸡属鸟纲雉科,鸟类是从爬行动物进化来的,世界上第一只鸡,必定是从一个蛋中破壳出来的,这只蛋不是(还不能说是)鸡蛋,而是已进化得非常接近于鸡的某个过渡物种(某种早期鸟类)产下和孵化的蛋。所以在地球上是"先有鸟蛋后有鸡"。

老师:关于"先有鸡还是先有鸡蛋"这一问题,有多种观点,你们讲的都有道理。还有古老的神学观点:"上帝造出了第一只鸡,所以先有鸡后有鸡蛋";近代科学的基因学说:在爬行动物——原始鸟类——鸡的百万年计的进化历程中,鸡的遗传物质——基因,通过变异、遗传和自然选择,在过渡物种和它们的蛋中被定向积累下来,可说是同步形成,难分先后。地球上能孵出第一只鸡的"蛋",已经有鸡的全部基因,已可称为"鸡蛋",因此可以说地球上是"先有鸡蛋后有鸡"。还有折中观点:鸡和鸡蛋谁先谁后说不清,干脆根据鸡和鸡蛋最本质的共同点——同时获得鸡的遗传基因,说它们同时产生。

"星宿下凡"与"凡人上天"

小明:中国古时根据"天人对应"思想,把一些地上"名人"与天上的星星相对应,如称某个文官、武将分别是天上的文曲星、武曲星下凡,说某个大坏蛋是天上的"七煞星"下凡;把夜空中看到的流星(陨石)与正好在那时去世的某个名人联系起来;等等。这些都是人们的主观想象。如果不是天空中正在燃烧的陨石,而是看得见的一颗星星(都是巨大的天体),真的"下凡"落到地球上,将会给人类带来极大的灾难,甚至毁灭地球。

小智:天上的"星宿下凡"成为名人仅是古人臆想,而现在凡间"名人上天"冠名小行星却千真万确。国际天文学联合会在1967年以后的20年间,先后决定用中国的伯牙、蔡文姬、李清照、李白、白居易、董源、姜夔、梁楷、关汉卿、马致远、赵孟頫、王蒙(元代)、朱耷、曹雪芹、鲁迅、石申、张衡、祖冲之、郭守敬、高平子、刘歆、李梵和一位古代研究"火箭"的佚名科学家等23位历代文化科技界名人,命名水星、火星和月球上的环形山。在互联网上查到:1964 年—1991 年间,经国际天文学联合会小天体命名委员会批准,用来为中国紫金山国家天文台发现的小行星命名的中国人(包括台、港、澳和一些移居国外的华人)有 124 人,他们中有古代的思想家孔子、老子,科学家张衡、祖冲之、一行、郭守敬、沈括,民族英雄林则徐,有现当代的科技精英钱学森、杨振宁、李政道、吴健雄、高锟、谈家桢、高士其、卢嘉锡、周光召、裴丽生、陈景润、赵九章、袁隆平、朱光亚、吴文俊、叶笃正、王淦昌、王大珩、茅以升、钱三强、贝时璋、金怡濂、彭恒武、陈省身、曲钦岳、田长霖、王永志,有航天英雄费俊龙、聂海胜、杨利伟,有支持科教事业的实业家陈嘉庚、邵逸夫、曾宪梓、王宽诚、何贤,有文艺界名人巴金、金庸、林青霞,有张珏哲、蔡章献等天文学家和这些小行星的发现者,还有不少是业余天文爱好者,包括 26 名中学生,其中在命名时仍在高中读书的有廖彦婷(台湾嘉义女子高中)和顾宇洲(华东师大二附中)两人。*

老师:过去人类用来给天上星星冠名的,有牛郎、织女、天王、海王、冥王等神话人物,有天狼、天鹅、海鹰、金牛、人马、大熊、狮子等灵性动物,有金、木、水、火、土等用途广泛的天然物质……现在又增加了(还在继续增加)许多凡人给天上的小行星命名,表彰他们对人类认识世界做出的贡献,使上天变得更有人性,这是叫"天"与人对应,反映了现代科技和社会的进步。

* 在国际天文学联合会小行星中心和美国宇航局组织的

2012年一期IASC(国际小行星搜寻)活动中,有10颗主带小行星是由江苏省天一中学天文社7位同学发现或首先证实的,打破了IASC一期活动史上一国、一校的纪录(在这些小行星名录上将写上发现者的姓名)。

"天上曲"和"天上图"

小明：唐代杜甫有一首《赠花卿》的诗：

　　锦城丝管日纷纷，半入江风半入云。
　　此曲只应天上有，人间能得几回闻？

　　诗人在诗中写了乐曲和歌声的美妙（称之为"天上曲"），同时表达了对纵情宴乐的花卿（花敬亭）的讽刺和对人间兵荒马乱、民不聊生的感慨。当时说"天上曲"是艺术夸张，可现在不光有从空中电波传来的异地、异国歌声，还有真真切切发自"天上"的歌曲。我国在1970年4月24日发射的人造地球卫星上播放的《东方红》乐曲，曾让人间亿万人得以翘首"几回闻"。

　　小智：1977年美国国家航空航天局先后发射了旅行者1号、2号宇宙飞船，上面搭载的"金唱片"，收录了不同地域的音乐、自然界和人类发出的声响，在宇宙中播放，想通过传递地球琴韵等听觉讯息，与可能存在的外星人建立联系。享誉世界的中国民歌《茉莉花》和无锡盲人音乐家阿炳创作并演奏的二胡江南月夜畅想曲——《二泉映月》也在其中。这些在太空中播放的地上名曲,对地球人和外星人来说都是"天上曲"。

小敏:在飞向外太空的宇宙飞船上,还带有一些估计外星人能理解的图形,其中有一个三边长度比为 3∶4∶5 的直角三角形,它是数学勾股定理(西方称毕达哥拉斯定理)的图示。我国在西汉或更早时期的《周髀算经》中,就首先提出"勾三股四弦五"的关系式(中国古代称直角三角形的两直角边为勾、股,斜边称为弦),这张你们十分熟悉的"地上图"上了天,对地球人和外星人来说就是"天上图"。

他山之石

（一）有权的不恋权

小敏：乔治·华盛顿担任大陆军总司令，领导美国独立战争取得胜利，被尊称为"美国国父"。美国建国时，一些军官和战友劝他建立帝国当皇帝，他坚决拒绝并加以申斥。1787年他主持制定建立共和制合众国的美国宪法，不搞领导人世袭和终身制。他在1789年、1793年当选美国第一、第二任总统，对发展经济、建设民主法制和巩固联邦基础等做出巨大贡献。1797年毅然退休还乡归隐，首创世界近代史上开国元勋主动离任的先河。有功、有权不恋权，高风亮节世人敬。

（二）有钱的舍得钱

小智：美国微软公司创始人比尔·盖茨多年排名美国富豪榜首位，2014年有财富810亿美元，超过一些小国、穷国一年的国内生产总值。这个开创世界电子计算机新时代的大科学家、大企业家、大富翁，也是全球首屈一指的大慈善家，47岁时就决定把当时98%的财产捐给名下比尔及梅琳达·盖茨（慈善）基金会。

他还和美国"股神"巴菲特发起订立"捐赠誓约"，承诺将过半财产捐献给慈善事业。3年中，已有92位美国富翁（总资产4330亿美元）参加。他们只给子女少量金钱、财产，鼓励他们自力更生创业（据报道，比尔·盖茨夫妇将留给3个子女每人1000万美元资产）。他们将大量财富用于创建一个更美好的世界的博爱精神值得学习。

(三) 劳心者仍劳力

小明：2006年11月，报上有篇介绍"外国市长的周末"的文章，说发达国家有些担任公职的人收入并不高，他们利用周末、假期参加体力劳动挣钱贴补家用，如德国杜塞尔市只拿少量贴补的市长艾尔，在周末重操旧业，替居民掏烟囱。美国科罗拉多州一个月津贴只有600美元的市长斯帕克斯，在周末去当"门童"。法国规定人口少于5000的城市，正、副市长都是义务职务，没有工资。有个叫艾斯普莱特的市长，利用年假跑到中国成都"打工"，在饭店掌勺烧法国菜，还到公园里看护熊猫。这些人当了官不捞钱、不忘本，亦官亦民，劳心劳力，能与市民打成一片，了解市民的需求，可以更好地为市民服务，肯定能得到市民的好评。

老师：在发达资本主义国家，不仅有高科技、高生产力等硬实力，也有不少好思想、好作风等软实力。"他山之石，可以攻玉",我们要在发扬中国传统美德的同时,诚心诚意学习国外一切先进的、优秀的"软硬件",把国内的事情搞好,为全国人民谋福利,对世界做更多贡献。

$$2+4=4+2>3+3$$

小智：在企业重组的报道中，常常见到 1＋1＞2 的不等式，意思是两个企业合并后取得的效益大于原来两企业效益之和。每个个人、企业、单位或地区，都各有其长处和短处，联合起来后，只要各自扬长避短和相互取长补短，就能取得 1＋1＞2 的结果。

小敏：有一个类似的在数学上错误而实际上正确的不等式：4＋2＞3＋3。美国旧金山著名的悬索高架吊桥——金门大桥，有 3＋3 六条行车道和 1＋1 两条人行道，在每天上下班高峰时，桥上来往的车流量相差悬殊，常因一个方向堵车阻断交通。旧金山市政府决定在河上再造一座新桥。有个年轻人提出一个不必再造新桥的解决方案：把桥上 3＋3 车道的模式，在上下班车流高峰时段，临时移动中间的隔离护栏，分别改为 4＋2 和 2＋4 的模式（车流多的一边改为 4 车道），在桥两端延伸部分公路段的隔离护栏也作相应的调整。政府采纳了他的合理化建议，用

$4+2=2+4>3+3$ 这个"错误"的不等式,解决了堵车的大难题,省下了建新桥上亿美元的投资和大量的人力、物力。

老师:旧金山的这个经验值得学习和借鉴,它说明充分利用资源,有时比开发新的资源更重要。同学们要联系实际努力学习,运用你们的智慧,找到更多的 $1+1>2$ 或 $2+4>3+3$ 之类的不等式,提高学习成绩,将来造福社会。

为科学痴迷、忘我、献身

小明:曾是钱学森、钱伟长导师的美国航空动力学大师冯·卡门,有一次和助手弗兰克紧张运算数学方程式到深夜,已是痴迷状态,看到弗兰克急匆匆去赶最后一班回家的电车,竟糊里糊涂地跟着跑到车站,突然,脑中显现出他梦寐以求的数学公式的轮廓,因为没带运算本,就趴在即将开动的电车车厢上运算起来。售票员大声催他离开时,他一面发疯似的继续推导方程式,一面说:"请再等一会儿!请再等一会儿!"深受感动的售票员甘冒受罚风险耐心等待,终于使一个论证缜密的数学方程式倾泻在车厢上,这就是为飞行器上天做出巨大贡献的"紊流的力学相似原理"。

小智:著名的古希腊科学家阿基米德,曾为他家乡西西里岛叙拉古城的守军,制造了长、短程投石机和利用汇聚太阳光能使敌船燃烧的大凹镜等多种武器,使攻城的罗马军队被阻三年之久;在罗马士兵攻陷叙拉古城闯进阿基米德的工作室的时候,他正在沙盘中运算数学公式,面对死亡威胁,他严肃地喝令敌兵"不要破坏沙盘中的图形和算式"。一代科学巨匠死在罗马士兵刀下,从容为科学献身。

小敏:还有个"棚屋下战斗"的故事。法国科学家皮埃尔·居里和玛丽·居里夫妇,发现除铀和钍以外,在沥青铀矿中还有两种天然放射性元素(后命名为钋和镭),一些化学专家认为要拿到实物,测定其特性,特别是要确定它们的原子量后,才能相信其存在,为此他们自费进行研究,在一个漏雨又无通风系统的废旧棚屋中日夜奋战了4年!

居里教授白天在大学授课挣钱养家,晚上去加班,居里夫人在搞家务带女儿的同时全面负责研究,这位物理学家兼化学家,同时是工程师、技工和劳工,在搞辐射预防、化验和研究的同时进行全程提炼操作,搬运设备和原料,一连几小时搅动锅里沸腾的液体⋯⋯他们从沥青铀矿上运来几十吨矿渣,一千克一千克地提炼,经常日夜赶工。他们孤军奋战了54个月,终于继提炼出钋元素后,又提取出0.1克纯净的镭,初步测定它的原子量为225,使原来持怀疑态度的化学家们终于信服。

老师:你们讲的为科学忘我、献身的故事,在中国也有很多,如"两弹一星元勋",个个都是隐姓埋名、"一不怕苦,二不怕死"的英雄。被评为"2012年度感动中国人物"的林俊德院士,一生从事核科学研究,在确诊自身患癌症病危时,坚决拒绝手术治疗,他抓紧生命最后的时间,在医院病床上整理资料、提出新课题的研究思路等,甚至拒绝躺下休息(怕躺下去后起不来),最后在工作中走完了战斗的一生,深深地感动了全国人民。

这些故事说明,一个有作为的科技工作者,不仅要有丰富的学识和实践(含实验)经验,更要有为国家民族、为科学献身的崇高理想,有不怕苦累、坚忍不拔、百折不挠的品格,你们在校时要在这些方面提高认识、打好基础。

外国领导人请客吃什么？

小智：中国是"礼仪之邦"，在宴请外宾、上级以及相互宴请时，常用丰盛的菜肴和名酒，不仅浪费钱、物，而且败坏社会风气、滋生腐败。在国外请客注重气氛，不讲究吃喝，美国国宴上菜不超过四道，1985年中国国家主席李先念访美，里根总统宴席上的四道菜是：开胃的小碟冷菜、鱼、牛肉、甜食（水果、蛋糕、冰激凌）。酒是葡萄酒和香槟酒。欧共体主要机构所在地布鲁塞尔，东道主比利时在宴请每年聚会一次的各国首脑时，也只有三道菜：冷菜、主菜（肉或禽、鱼）和甜食。

小明：国外招待内宾更简单。每年4月，日本首相在东京新宿御苑举行盛大的观樱会，邀请各界名流观赏樱花，吃的是每人一份西式或日式快餐，加上啤酒或威士忌。

小敏：我们中国曾经有两个比国外元首更节俭的皇帝。据中国新闻网报道，出身贫苦且讨过饭的明太祖朱元璋，对吃喝奢侈和贪腐之风很反感，他接受马皇后的建议，在为她庆寿时不用宫灯、礼乐等排场,招待祝寿百官吃的是"四菜一汤":一盘炒白萝卜、一盘炒韭菜、两大碗青菜和一大碗葱花豆腐汤。朱元璋亲自介绍,说这些青、白的素菜是"清心良药",能使官员公正廉洁,使国家"长治久民心存"。最后厉声宣布:"今后众卿往来之餐饮,至多为'四菜一汤',皇后之寿筵即是榜样,谁若违反,严惩不贷!"他一抓到底,派多位钦差到各衙门和京城各大酒楼明察暗访,严查、重罚(撤职、廷杖等)顶风违禁和弄虚作假的官员、店家和他们的保护人,使当时官场风气为之一新,民间有"皇帝请客,四菜一汤;萝卜韭菜,着实甜香;小葱豆腐,意义深长;一青二白,贪官心慌"的民谣。

2014年3月13日,中央电视台《国宝档案》栏目介绍,清朝最节俭的道光皇帝曾就着开水吃大饼当早餐,他规定内宫一年日常开支不得超过20万两银子(按原例宫内光胭脂费就需银百万两)。同样"抠门"的贤内助孝慎皇后精打细算,规定"嫔"以下宫人平时吃素菜和穿普通衣服,只有在节庆日方可吃肉、穿彩衣;规定宫女学针线自己缝、补衣服。道光在为孝慎皇后庆四十寿诞时,招待进宫祝寿的文武百官,每桌只有一大盆盖了几样荤素菜的寿面!

老师:国外节俭请客可以"洋为中用",作为国内改进招待礼仪的参考:多一点亲切气氛,少一点炫耀和奢靡。道光皇帝、皇后的"抠门",特别是明太祖的"铁腕治奢"(明确规定、正面教育、领导带头、严格执纪执法和持之以恒)也可"古为今用",使中华民族勤俭节约的传统美德和共产党全心全意为人民服务的优良党风、政风得到传承和发扬光大,做到"长治久民心存",举国同心搞建设。

三乘三应该得几？

小智：曾经四次担任日本首相、任内发动甲午侵华战争的伊藤博文，对曾留学英、法、德等国的中国学者辜鸿铭说："孔子之教能行于数千年前，而不能行于当今世界。"辜回答："孔子之道，好比数学之加减乘除，三三得九即三三得九，虽数千年而不变，决不会三三得八。日本若无孔子之教，焉能有今日？不过今天的数学倒是已经改良了，比如我国借款于贵国，本来是三三得九，不料止得三三得七；到了还款时，竟已是三三得十一，你以为如何呢？"一席话使伊藤博文大窘。

小敏：辜鸿铭讲的乘法，是指当时中国向日本借款先要扣除回扣（借九得七），还款要付高额利息（得七还十一）。当时中国向其他西方国家银行借款，都要接受类似的霸王条款。讲仁义待人、诚实守信的中国儒学，的确"不能行于当时（帝国主义霸权横行）的世界"。

老师：这是资本主义社会中"借贷自由"的霸王条款，还属于

"借债还钱"的范畴。按照常理要"杀人偿命,毁物赔钱",可1900年八国联军侵占北京时烧杀抢掠,中国损失人、财、物无数(姑且估计损失财物30亿两白银),在侵略者强加的《辛丑条约》中,没有侵略者"偿命、赔款"的条款,却要中国"赔款"关平银4.5亿两,分39年"还"清,"本"、息共9.8亿两!这笔经济账是:中国从八国收入是"三三得负三十亿"两,支出是"三三得正九点八亿两(白银)",这就是伊藤博文之流的"近代"数学!

"法西斯"

老师:一幅一个人背着一捆棍棒中插了一把斧头的铅笔画,它表达什么意思?

小明:"负荆请罪",是说战国时赵国大将廉颇"肉袒负荆"到大度为国的蔺相如家中请罪的故事。

小智:不对,廉颇"负荆请罪"背的是一根荆杖而不是一捆棍棒,去请罪也不会带一把斧头去示威。这是一幅"樵夫下山"图,那个人是进山挥斧砍了一捆树柴回家的樵夫。

小敏:也不对。樵夫进山打柴,主要是砍枯枝和杂树,不会是去掉枝叶整齐划一的棍棒。其实这幅画中插了一把斧头的一捆棍棒叫"法西斯",它来自拉丁文 fasces,原意是"束棒"。古罗马帝国的执政官外出时,12 个侍卫官中就有人背这样的束棒,它象征国家最高长官的权力(扑克牌方块 K 中行举手礼的罗马执政官旁边就有一柄大斧),也是处死人的刑具,当有人触犯了帝国利益被判处死刑时,侍卫官先用棍棒将犯人打得皮开肉绽,然后拉他跪在地上,从"法西斯"中抽出斧头砍下他的头颅。

老师:后来象征暴力和强权的"法西斯"为独裁统治者所信奉,发展成"法西斯主义",1914年意大利墨索里尼建立"革命行动法西斯"(又叫"黑衫党"),不久,希特勒建立的"德国国家社会党"("纳粹")、西班牙佛朗哥组建的长枪党和日本军国主义者也推行法西斯主义。德、日、意法西斯政权发动的第二次世界大战,给人类造成空前的灾难,最后以法西斯主义的失败而告终,德国人从中吸取教训,立法规定宣传"纳粹""法西斯主义"为犯法,要判刑。但现在仍有个别国家领导人否定二战成果,公然提出要学习纳粹德国、修改和平宪法,妄图复活法西斯主义和军国主义,必须引起世人警惕。

"金圆"的灾难

小智：国民党政府的"理财专家"、蒋介石的连襟孔祥熙长期担任财政部部长，他最欣赏发行纸币，常对人说："发行公债真是麻烦，付息、抽签还本，又弄不到几个钱，不如印发钞票，简单得多。"在他的主持下，抗战八年的"国民政府"共发行纸币103190亿元，为抗战前的7300倍。滥发纸币，导致物价飞涨，100元法币1937年可以买2头牛，1943年可以买1只鸡，到1947年只能买1/3盒火柴！

小敏：抗战胜利后，蒋介石集团发动了全面内战，随着战事的发展而军费猛涨、国统区日益缩小、工农业生产萎缩……财政陷入绝境的"国民政府"又一次进行"币制改革"，于1948年8月19日起废除法币、关金券和东北流通券，发行所谓以黄金储备作担保的"金圆券"，以1元兑换300万元法币或30万元东北流通券；限期收兑民间的黄金（每两200元）、白银（每两3元）、银圆（每个2元）和美金（1美元兑4元）。同时实行限价（物价必须保持在 8 月 19 日的水平）。到 1949 年 6 月,"金圆券"停止流通,短短的 9 个月共发行 130 万亿元,是原定计划发行总量(20 亿元)的 6.5 万倍,最高面额从 100 元蹿升至(国民政府新疆银行于 1949 年 5 月发行的)"陆拾亿圆",发行总量和单张面额均创了世界纪录!

老师:我是当时的"亲历者"。限价一开始,物价就一日数涨,市场买卖都以白米、金银(袁世凯头像的银圆)、外币交易或以物易物,教师拿到工资立即"请假"去抢购物品,不管是否要用,不能让钞票在家过夜。官僚资产阶级乘机控制市场大发横财;蒋家王朝强制将用纸"金圆"收兑的真黄金、美钞连同国库中的几百吨黄金秘密从上海运往台湾。当时物价飞涨,一石(150 市斤)大米最高价 4 亿元,寄一封信要用一捆钞票。人民怨声载道,蒋家王朝失掉人心,加速了他们在大陆的失败。

小明:一石米卖 4 亿元金圆券,这笔钱政府在刚发行时可强制兑换 2 万斤黄金,时隔不满 10 个月,米价涨到原来等量黄金价的 833 倍(当时 1 斤 = 16 两),真是旷古奇闻。

状元杂谈

老师：现在状元满天飞，各种考试、评比得分最高的都称"状元"。你们知道中国历代有多少科举考出来的正宗状元？

小智：中国封建社会科举考试从隋文帝开皇七年（公元587年）始创，到清光绪三十一年（公元1905年）行新学废科举结束，历时1300多年，共有状元599人，其中唐141人，五代十国16人，两宋118人，辽、金85人，元32人，明89人，清114人，张献忠的大西国1人，太平天国3人。最早的状元是唐高祖武德五年的孙伏伽，最后一个是清光绪三十年的刘春霖。唯一的女状元是太平天国三年的傅善祥。另有武举状元从宋到清共187人（一说共有文武状元778人）。

小敏：状元不一定是参加科考人中学问最好的，也有因缘巧合和走后门的冒牌货。例如太平天国占领武昌后开科取士，试题是《太平天国天父、天兄、天王为真皇帝制策》，一刘姓考生在文中写道"三皇不足为皇，五帝不足为帝，唯我皇帝，乃是真皇帝",受到主考官东王杨秀清的赞赏,取为状元;清朝一次殿试,光绪皇帝看到进呈的前十名考本最后一名骆成骧卷中有"主忧臣辱,主辱臣死"之句,就大笔一挥,将其定为第一名,人称气节状元(但武昌起义后,骆也列名劝退书逼宫);最后一次科举考试,殿试排在第一位的叫朱如珍,当时掌实权的慈禧太后害死过光绪的珍妃,看到"如珍"这个名字特忌讳,当即划掉,把名字中有"霖雨苍生"吉祥含义的刘春霖点为状元。另有贡士王国钧因与"亡国君"谐音,也被慈禧抑置三甲。

老师:明、清两代状元中有17人曾"连中三元",就是在乡试(在各省城举行,合格者叫举人,第一名叫解元)、会试(在京城由礼部考试,合格者叫贡士,第一名叫会元)和殿试(也叫廷试,由皇帝在殿廷上亲自发策问考试,合格者统称进士,第一名叫状元)都是第一名。殿试分三甲录取,分别叫赐进士及第、赐进士出身、赐同进士出身。第一甲只取三名,分别叫状元、榜眼、探花,第二甲第一名叫传胪。另外考中状元封的官并不高,通常授翰林院修撰,一般只有六品或七品,即使被皇帝看中选为驸马都尉,也不过是个三品官,并不像戏文中说的新科状元就被封为"七省巡按"之类手持"尚方宝剑"的大官。

科举时代的生员读书是为了应试当官,现在的学生读书是为了成才,在校时要打好各方面的基础,将来工作时争取成为本行业的行家里手(一定范围内的状元),更好地为社会服务。

接受多种教育，争取全面发展

小智：毛主席提出："我们的教育方针，应该使受教育者在德育、智育、体育几方面都得到发展，成为有社会主义觉悟的有文化的劳动者。"我认为"三育"中智育最重要，"知识就是力量"，"科学技术是第一生产力"，"知识能改变个人和国家的命运"……所以学校要以教学为中心，学生的主要任务是学习。

小明：我认为体育最重要：身体是现在学习和将来"健康工作50年"的载体，毛主席把身体好列为对青年"三好"要求的第一位。著名教育家蔡元培说："所谓健全的人格，内分四育，即（一）体育、（二）智育、（三）德育、（四）美育。"也是把体育放在首位。

小敏：德育最重要，它是育人的灵魂。韩愈说老师的三大任务是"传道授业解惑"，把德育（传道）放在第一位。原中央教育科学研究所所长滕纯说："智育不好，会出'次品'；体育不好，会出'废品'；德育不好，会出'危险品'。"台湾教育家高震东说得更透彻:"德育是一切教育的根本,一切教育应当以德育为基础:智育没有德育作基础,就是犯罪的帮凶;体育没有德育作基础,就是暴力的前卫;美育没有德育作基础,就是腐化堕落的催化剂;群育没有德育作基础,就是动乱的根源。"他们分别从正、反两方面论述了德育的重要性。

老师:学校教育内容有多种提法,德、智、体"三育"是其核心。著名学者朱光潜提出要"德、智、美、群、体"五育并重;"万能科学家"钱伟长指出"要培养德、智、体、美、劳全面发展的、真正有创造力的科技人才","首先应该是一个全面的人,是一个爱国者;其次才是一个拥有科学、专业知识的人,一个未来的工程师、专门家"。人民教育家陶行知强调要重视生活和社会实践,认为"手脑都会用,才算是开天辟地的大好佬"。中小学是基础教育,学生要克服单一"智育"(甚至是"应试"教育)的观点,要接受上述多种教育,同时发展个性特长,提高综合素质,成为全面发展的、能为实现中华民族伟大复兴中国梦做贡献的人才。

考0分和考满分一样难!

小明:班主任要求我们考好这次期末考试,我对考好没有把握,但有把握考不好。

小智:考好难,考"不好"也不容易。美国保罗·斯蒂文弗写的"零分之约",说他从小想当赛车手,不认真学习,老师批评时他振振有词:"迈克尔·舒马赫曾考过零分,不一样当世界顶尖赛车手?"老师与他约定:如果他考了零分,在班里就可自由行动,但要执行考试规则,每道题必须作答,考不到零分就要好好学习。他们考试都是"几选一"的选择题,每次考试他都故意选错误选项而失分,不知对、错的考题,他就凭直觉选一个最可能错误的选项应付。可每次都有被他蒙对的,因此从来没有得到过零分,这使他很沮丧:"考零分竟然和考满分一样难!"几次考下来,他悟出"只有知道每道题的正确答案,才能有把握把它答错"。于是他把赛车搁在一边,集中精力认真听课,与同学探讨,辨明对错,使考试时有把握答对从而有把握选"错"的试题越来越多,考试成绩稳步下降,终于在一年后考出了第一个零分。老师表扬他说:"一个凭着实力考了零分的学生,和考了'A'的学生是一样出色的,我为你感到骄傲!"他含泪表示:"在我成为世界一流赛车手前,我想成为一名出色的中学生!"

小敏:选择题考零分并不难,只要对知道正确答案的考题选一个错误选项,其余考题都不答,或者干脆交一张只写考生号和考生姓名的考卷,就可稳得零分!可诚实的小保罗信守"每题必答"的约定,不走"捷径",努力在充满荆棘的道路上攀登,"凭着实力(所有失分都是由于选了确知是错误的选项)"考得零分,这种有目标、毅力,能自制和诚实守信的精神值得我们学习。他在校读书只要愿意,肯定可以考出高分甚至满分,如果将来去当赛车手,很可能是又一个舒马赫!

老师:这个故事说明,对和错是一对既相反又相成的矛盾:求对须知对选"对"和知错避错;求错须知错选"错"和知对避对。我们平时学习要对每个知识点的对、错两方面都弄清楚,这样才算真正掌握,才能在考试时和今后工作中能作出正确选择,"考"出好成绩。老师要在讲清"怎样是对"的同时,指明哪些是错。明辨是非,是每个人在校学习、参加考试,甚至一生中为人处世时能"选对避错"的前提条件。

有关家国书常读；无益身心事莫为

（奇联巧对选之四）

老师：一些有关读书、做人的佳对，形式优美，内容健康、充实，对我们学生很有教益。

明代无锡人顾宪成题无锡东林书院联：

风声雨声读书声，声声入耳；
家事国事天下事，事事关心。

近代革命家、教育家徐特立题赠青年朋友联：

有关家国书常读；
无益身心事莫为。

周恩来早年自勉联：

与有肝胆人共事；
从无字句处读书。

有些励志联应当记取：
> 虚心竹有低头叶；
> 傲骨梅无仰面花。

> 宝剑锋从磨砺出；
> 梅花香自苦寒来。

> 励学须识得头脑；
> 修身要立定脚跟。

> 醴泉无源,芝草无根,人贵自勉；
> 流水不腐,户枢不蠹,民生在勤。

清朝作家蒲松龄科举考试落第后的自勉联：
> 有志者,事竟成,破釜沉舟,百二秦关终属楚；
> 苦心人,天不负,卧薪尝胆,三千越甲足吞吴。

它鼓励人们遇到困难或身处逆境时,要发奋图强,自力更生去争取光明的前途。

一些有关学习的格言联和警句应牢记、笃行：
> 书山有路勤为径,学海无涯苦作舟。
> 少年易老学难成,一寸光阴不可轻。
> 黑发不知勤学早,白头方悔读书迟。
> 学而不思则罔,思而不学则殆。

泛观博取,不若熟读而精思。

博观而约取,厚积而薄发。

纸上得来终觉浅,绝知此事要躬行。

耳闻不如目见,目见不如足践。

为学患无疑,疑则有进。小疑小进,大疑大进。

奇文共欣赏,疑义相与析。

凿石索玉,剖蚌求珠。

举一隅而三隅反。

读书有三到:心到、眼到、口到。

记事者必提其要,纂言者必钩其玄。

读书恨与古人同,尽信书不如无书。(要创新和独立思考)

值得记住的算式和格言

小智:有几个有关学习、成才的算式很有趣,值得一记。

"A = X + Y + Z,A 代表成功,X 代表艰苦的工作,Y 代表休息,Z 代表少说废话。"(爱因斯坦)

"天才在于积累,聪明在于勤奋。"(华罗庚)

"未来社会成功源于 30% 的才能 + 70% 的人际协调能力。"(卡耐基)

小敏:"在科学上面是没有平坦的大路可走的,只有在崎岖小路的攀登上不畏劳苦的人,有希望达到光辉的顶点。"(马克思)

"一个人就好像是一个分数,他的实际才能好比分子,而他对自己的估价好比分母,分母越大则分数的值就越小。分母是无穷大,分数就等于零了。"(托尔斯泰)

人民教育家陶行知的故事

小明：陶行知曾在武汉大学演讲时做"喂鸡"实验，他在桌上撒了米，按住饿鸡的头逼它去吃，又掰开鸡嘴把米粒硬塞进去，可鸡始终挣扎着不肯吃。他松开手，后退几步，大公鸡抖抖翅膀，四处张望一下便低下头吃起来了。他对台下听众说："我认为教育就跟喂鸡一样，先生强迫学生去学，把知识硬灌给他们，他们是不情愿学的，即使学也是食而不化，过不了多久，他们会把知识还给先生。如果让他们自由地学习，充分发挥他们的主观能动性，那效果将一定会好得多。"

小智：陶行知在《自勉并勉同志》诗中说："人生天地间，各自有禀赋。为一大事来，做一大事去。"他的大事，是"要使当时的中国人都有受教育的机会"。他特别重视乡村教育和培养乡村教师，认为"教师得人则学校活，学校活则社会活"，"培养乡村师资是地方教育之先决问题，也就是改造乡村的先决问题"。为了这一"大事"，他脱去西装，穿上布衣，放弃大城市教授名流的优裕生活,到南京郊区农村办晓庄师范学校,实践其教育救国、教育改造乡村的理想和"生活教育"等教育思想,为中国教育改革探路而贡献其毕生精力。

小敏:陶行知还有个用四块糖教育学生的故事:有一次他制止了王友同学用泥块砸同学后,叫他放学后到校长室谈话。当王友在校长室准备挨批评的时候,陶行知先后掏出三块糖,分别奖励王友"按时到校长室","我不让你打同学,你立即住了手,说明你很尊重我","据我了解,你打同学是因为他们欺侮女生,说明你有正义感"。这时王友感动得哭着说:"校长,我错了,同学再不对,我也不能采取这种方式。"陶行知笑着掏出第四块糖,说:"你已认错,再奖你一块!我们的谈话该结束了!"

老师:陶行知尊重学生,用表扬为主的四块"精神糖果",引导学生自我反省,化消极为积极的教育方法,既教育了学生,也启发和教育了我们教师。

机智的答问

小智:汉末文学家孔融,10岁时以"亲戚"名义诓过门卫,进入架子大的河南太守李元礼家,在回答李"是什么亲戚"的诘问时说,他家的祖先孔子和李家的祖先李耳(老子)有师徒之谊,所以两家是世交*。李府的宾客称赞他"小小年纪居然这样聪明,将来肯定有出息",可官员陈韪却冷冷地说:"小时了了(明白懂事),大未必佳。"孔融不慌不忙地说:"这位大叔,您小时候一定很聪明吧?"这机智的答辩引得满屋子的人大笑,使陈韪脸红语塞。

小智:新中国成立前当过上海市市长的吴国桢,20岁时去考美国普林斯顿大学的博士研究生,面试的教务长看他一脸孩子气,说:"年轻人,你还没有成熟。"才气横溢的吴国桢回答:"先生,依照年龄来判断一个人是否成熟,本身就是一种不成熟。"教务长很赏识他不客气的回答,当即决定录取他。

小明:原来到寺院进香的人,都在佛像前顶礼膜拜,据说宋太祖赵匡胤初得天下时到相国寺进香,立在佛像前问身边的人:"朕当拜不当拜?"身边的人很难回答:说该拜,有失皇帝尊严;说不拜,又怕贬抑亵渎佛祖。这时寺僧替宁主动回答:"现在的佛不拜过去的佛。"这个回答很巧妙,他把赵匡胤比作"现世的佛",既维护了皇帝的尊严,又没有贬抑佛祖。赵匡胤听了很满意,就没有下拜(其实他本来就不想拜,如果想拜就不会问)。从此中国的皇帝都可不跪拜佛像。

老师:机智答问的故事很多。在一次东北军将领的宴会上,日本领事讥讽张学良少年得志(28岁接任东三省最高领导人),说:"阁下少年有为,得此领袖,东北人民之福也。"张学良从容答道:"过情之誉,诚不敢当,然得与贵国天皇(裕仁天皇26岁登基)同庚,是深引为荣幸者尔。"

古时有个聪明的孩子,在回答国王问的"御花园中水池里共有几桶水"这一问题时,说:"这要看用多大的桶,如果桶和水池的容量一样大,那池里就有一桶水;如果桶只有水池的二分之一、三分之一大,那池里就有两桶水、三桶水……"他的回答得到国王的重赏。

2012年复旦大学自主招生"千分考"有个面试题:"电线和物理有什么相同点?"无锡市考生陈浩禹机智回答"相同点就是它们都出现在您的问题里",得到主考老师的赞赏。

* 当年孔子曾向老子请教自己不懂的礼仪问题。

从招聘怪招中找启示

老师：你们要关心报刊上有关招聘笔试、面试中透露的、在今后工作中必须具备的基本知识、能力和心理素质等内容，从中获得信息，举一反三，充实平时学习内容，改进学习方法，为今后应聘和工作打基础。

小明：有个企业招聘的最后一关，是要在 10 分钟内答 20 道内容广而不太难的试题。多数应聘者认为是测试他们的知识面和解题速度，所以只顾抢时间答题，没理会监考人"先将试卷浏览一遍再答题"的提醒。做得最多的人做完了 14 道题，可是只有只做第 19、20 两题的三人被录用——原来第 18 题的内容是"前面各题都不必回答"。多数人做的是无用功！我要向三位录取者学习，遇到突发急事沉着应对，先摸清情况再解决问题。平时考试时要先浏览试卷了解全貌，按先易后难的顺序答题，确保拿到应得的考分，最后啃难题争高分。

小智：有个单位测试应聘者心理素质的试题是："1 + 1 = ?"有

个应试者认为,他们大都有大学学历,出这么容易的试题,内中必有蹊跷,答案不可能是2!他的答案是1+1=3,"说明"是"丈夫加他怀孕的妻子,另加一个(隐含的)虽未出生但已有生命的胎儿,一共是3人"。其他人的答案有1(斗)+1(升)=11(升)等等,五花八门。可最后只有一个老老实实回答1+1=2的人被录用。这使我得到启发:在正常情况下,别把问题想得太复杂,耍小聪明。有时最直接、最简单、最朴素的答案才是最可信和可行的。如果问题是"在什么情况下1+1=3",最好的回答可以是:"两企业合并重组,优势互补,使总产量提高百分之五十,结果是1+1=3!"

小敏:一家外资企业招聘销售人员,人力资源部经理对笔试前三名进行面试时出了一道怪题:在15分钟内倒一杯热水放在他桌上。一个大学刚毕业的高才生,在接待室找不到热水瓶、净水机和杯子,不知所措地愣在那里;另一人看不到杯子和热水时,突然想起自己带的一杯牛奶未喝,马上到卫生间倒掉牛奶,装满一杯自来水放到经理的桌上;第三人(中专毕业后在一家企业搞过销售)听了测试题后,心想室内不可能有现成的热水瓶和杯子,立即跑到别的办公室,很礼貌地跟工作人员打招呼,说同来公司办事的朋友咳得厉害,急需喝温开水服药,讨得一只一次性纸杯,装进热的纯净水拿去放在经理桌上。这第三个应聘者"无中生有"的办事能力,特别适合搞销售工作,当即被外企录用。说明我们在校时不光要在知识、技术方面打好基础,还要提高随机应变和与人打交道等方面的能力,要培养遇事沉稳思考和积极想办法解决问题的心理素质。

名人取名改名杂录

小智：晚清台湾省台南人连横，坚决反对日本占领，曾著《台湾通史》和收集、整理台胞抗日斗争史料。他把儿子送回大陆，病逝前孙辈即将出生，遗命"中日必有一战，台湾之回归祖国亦赖此战，若生男，则名'连战'"。连战现为台湾国民党荣誉主席，他秉承祖、父遗愿，坚持"一个中国"的立场，为两岸交往尽力，赢得海内外华人的赞誉。

小敏：明末清初的文学批评家金圣叹本姓张，名采，字若采，据说一次看到同去文庙祭孔子的一群秀才、监生，大典方毕就去抢供在桌上的猪肉和馒头，以为抢到大肥肉和大馒头就能中举、升官得肥缺，对此抢肥丢瘦、挑大弃小的丑态，金圣叹很反感，当场作打油诗嘲讽，诗中有："颜回低头笑，子路把脚跳，夫子喟然叹：'在陈我绝粮，未见此饿殍！'"从此他改姓金，名人端，字圣叹。"金"寓意庙中偶像之金身，"圣叹"是指圣人孔子为之叹息。

小明：还有名人为作品中人物取名的有趣例子。我小学时看《阿Q正传》，觉得阿Q的名字别扭，后来听说作家叶永烈曾问鲁迅："阿Q是中国人，为什么要取外国名字？"鲁迅说："阿Q光头，脑后留着一条小辫子，这Q字不就是他的形象吗？"还有文章中的"鲁四老爷"，鲁迅也曾说过：他有两个弟弟，为免误会，他凡是写到鲁家非正面人物，其排行不是老大就是老四，可谓用心良苦。

老师：与连横为连战取名类似的，还有牺牲于缅北站场的抗日名将戴安澜，他的长子戴覆东，曾对采访他的凤凰卫视记者说，他原名戴复东，抗战时他的父亲为他改名覆东，还为战时出生的妹妹取名藩篱，意为筑起篱笆，不让坏蛋进来；为两个弟弟取名靖东和澄东。"东"指东洋鬼子，意为鼓励三个儿子坚决抗战，直到侵略中国的东洋鬼子平靖、澄清和覆灭！

  ＊ 连战取名见《原来如此》；金圣叹、阿Q取名见《知识溯源大全》；戴安澜为子女取名，源于网络查阅"戴安澜"。

后　记

我曾从事青少年教育 24 年，在无锡县（今江苏省）天一中学主抓"早慧少年智力开发研究"15 年，有 18 位 13—15 岁的早慧少年考入中国科技大学和东南大学少年班，另有 19 位（其中 5 人免试保送）提前或正常毕业考入北京大学、复旦大学、上海交通大学、浙江大学、南京大学、同济大学、东南大学、华中工学院、华东纺织大学、无锡轻工业学院等大学的普通班。他们中有中国科技大学物理学执行院长、中国科学院院士杜江锋，美国雅虎公司副总裁邵敏，贝恩斯坦公司总裁陈一栋，飞利浦投资有限公司中国研发中心（上海）总监龚坚（女），《南方人物周刊》主笔李宗陶（女）和其他一批教授、研究员、高工等科技精英。曾有 7 个 9 到 12 岁的小男生住在我宿舍，与我朝夕相处 1—2 年（现有 3 个博士 1 个硕士）。学校被《新华日报》誉为"少年大学生的摇篮"，我被人戏称为早慧少年的"保姆"，曾获中国人才研究会"超常教育研究突出贡献奖"。

早慧少年思维活跃，善联想、爱寻根究底、标新立异，常有机智有趣的奇谈妙论，如说成语"尺短寸长"是数轴上 1 寸到 1 尺的开区间（

```
   ┌─────────────────┐
   ○                 ○
   0 寸             1 尺
```

）、说历史上的昏官严嵩是"明臣"、大贪官和珅是"大清官"等。我旁听和参加他们的议论，既是对他们的考察，也是相互学习和寓教于乐的机会，是一种愉快的享受，使我对这类趣谈产生浓厚的兴趣。

退休后，在回忆与早慧少年们的"趣谈"时，我浏览报刊和《十万个为什么》《少年儿童百科知识》等综合性书籍得到启发，摘录、编写了一些类似的趣谈，内容包括中小学各科知识、社会百态和校园生活等，借小明、小智、小敏三人和"老师"之口进行交流，分搜笑、益智、抑扬和拾贝四部分，拼成这本"趣谈录"，作为对天一中学建校 70 周年和进行"超常教育"（创新拔尖人才早期培养）35 周年的留念。

本书力求兼有知识性和趣味性，希望作为青少年朋友课余饭后的谈资，在嬉笑中有所收获。由于本人知识面窄、水平低，本书内容庞杂、浅薄，行文不畅，议论少新意，错漏之处难免。希望读者留意鉴别，对一些笑话不必太较真，对早慧少年"童言无忌"的偏执给予谅解，对发现的错误不吝指正。书中对参阅其他书刊的内容未一一注明出处，谨表深切的感谢和歉意。

2015 年 10 月

参 考 书 目

1.《十万个为什么》,卢嘉锡总主编,上海少年儿童出版社
2.《中国少年儿童百科全书》,林崇德总主编,浙江教育出版社
3.《原来如此》,钱波、夏宇编,文汇出版社
4.《知识溯源大全》,田宗跃、郭建跃编著,江苏科学技术出版社
5.《少年全球通》,夏雨、裘明莉主编,江苏少年儿童出版社
6.《智慧背囊》,孙锐主编,延边人民出版社
7.《影响世界的100位名人成才故事》,纪江红主编,北京少年儿童出版社
8.《世界名人百科》,崔钟雷主编,吉林摄影出版社
9.《奇联·巧对集锦》,李敏编注,内蒙古人民出版社
10.《对联集锦》,山西人民出版社编辑出版
11.《中国古代寓言故事》,邶笪钟编,人民文学出版社

12. 《笑林观止》,白乐天编,大众文艺出版社
13. 《教育语录略解》,吴建琛编著,人民出版社
14. 《中华爱国人物故事》,张国华编,吉林人民出版社
15. 《周易》,刘小主编,北京燕山出版社
16. 《痴迷物理(美)》,赵国强等译,长春出版社
17. 《咬文嚼字》《学生天地》《初中生必读》等教育报刊
18. 《辞海》,夏征农主编,上海辞书出版社
19. 《中华成语大词典》,陈贵有主编,吉林大学出版社